엡스타인 스캔들
한국 보고서

The First Korea Report on the Epstein Scandal :

Why the Scandal Matters Now & Here

Moonjay KIM, Ph. D.

Open Book House

제프리 에드워드 엡스타인(Jeffrey Edward Epstein)

엡스타인 스캔들
한국 보고서

김문재 지음

열린書院

엡스타인 스캔들로 인한
최근 미 정국 소용돌이 현황(2025. 11. 22)

뉴욕타임스(NYT) 등에 따르면 미 연방하원 감독위원회(House Oversight Committee) 소속 민주당 의원들은 트럼프 미국 대통령이 엡스타인의 범행 사실에 대해 알고 있었다는 정황이 담긴 e메일 3통을 감독위에 제출된 '엡스타인 파일'에서 발견해 12일(현지 시각) 공개했지만, 트럼프 대통령은 트루스 소셜에서 민주당의 허위 음모로 몰았고 백악관도 대변인을 통해 민주당의 작품이라며 의혹을 전면 부인했다.

2011년 4월 엡스타인이 공범 맥스웰과 소통한 이메일에서 트럼프가 엡스타인 스캔들의 피해 여성과 엡스타인의 집에서 여러 시간 동안 함께 있었다고 말했고, 트럼프가 정치를 시작한 2015년 언론인 겸 작가인 마이클 울프(Michael Wolff)와 소통한 이메일에서는 엡스타인 스캔들과의 연관성을 활용할 방안을 서로 상의 했고, 2019년 1월 엡스타인이 울프에게 보낸 이메일에서는 트럼프가 성착취 대상인 미성년자를 알고 있었다고 말했다.

전체 3만 쪽에 이르는 엡스타인에 대한 검찰조서인 이른바 '엡스타인 파일' 모든 공개를 위한 법률(Epstein File Disclosure Law or Epstein Documents Release Act) 제정안이 최소 4명에서 폴리티코(Politico) 예상 최대 100명 이상의 공화당 하원의원의 이탈에 힘입어 하원 감독위원회를 시작으로 단 1표의 반대표만 나온 하원과 만장일치의 상원을 차례로 통과하고 트럼프의 서명 후 법무부가 30일 이내 공개하겠다고 발표했다. 11월 12일 마이클 존슨(Michael Johnson) 하원의장(공화당)이 토마스 마시(Thomas Harold Massi) 켄터키주 의원(공화당)과 로 카나(Ro Khanna) 캘리포니아주 의원(민주당)의 엡스타인 파일 전체공개법 제정 공동발의안을 표결에 부치겠다고 발언했는데, 민주당 전체 의원 213명과 공화당 합류의원 4명에다 최근 보궐선거에서 당선된 민주당 아델리타 그리할바((Adelita S. Grijalva) 의원까지 가세해 하원의 과반수인 218명을 채움으로써 하원 표결에까지 도달한 것이다.

이후 18일(현지 시각) 찬성 727표 대 반대 1표로 하원을 통과하고, 상원도 같은 날 만장일치로 통과시켰으며, 트럼프도 19일 공개법안에 서명하여 트럼프의 보궐선거 및 지방선거에서의 패배와 이미지 실추 등을 만회를 노리며 공격의 화살을 더욱 더 민주당 쪽으로 돌리고 있다. 법무부는 이 법에 따라 30일 이내 파일 전부를 공개하겠다고 발표했다. 한편, 엡스타인의 동생 마크가 공개하기로 한 파일과 리스트에서 공화당은 이미 삭제나 은폐 작업이 상당히 진행되었다는 사실을 믿을만한 소식통에서 확인했다는 최근 기사들이 나오고 있다. 또 본디 법무장관도 클린턴 등 민주당 인사들에 대한 조사가 중요하다고 말했지만 엡스타인 스캔들의 본질이 살아 있는 권력인 트럼프와의 관계여서 민주당의 치부가 더 드러난다고 해도 현재의 양상이 급전될 가능성은 크지 않은 것으로 보인다. 그리고 앤드류 왕자가 엡스타인과의 관계에 대한 미국 연방의회에서의 증언 요청을 계속 묵살하고 있다는 사실도 보도되고 있다. 또 플로리다주 팜비치행 에어포스 원에서의 기자간담회에서 트럼프 대통령이 엡스타인 파일에 관해 질의하던 블룸버그 여기자에게 'Quiet, Piggy!'라는 욕설을 내뱉은 게 동영상으로 퍼지면서 그 반작용으로 트럼프에 대한 욕설까지 난무하여 엡스타인 스캔들로 인한 때아닌 '욕설의 향연(A Feast of Cuss Words)'까지 보고 있다는 평이다.

　　또 이미 거명되었던 하버드 총장 출신 민주당 거목 래리 서머스(Lawrence Henry Summers)와 엡스타인과의 이메일 소통 사실이 추가로 드러나면서 서머스가 일체 공직에서 사퇴하겠다고 발표했고, 유대인 언어학자 촘스키(Avram Noam Chomsky)와 엡스타인과의 매우 친밀했던 이메일도 공개되면서 파장이 커지고 있다. 마가(MAGA)의 핵심이자 부통령 후보로까지 거론되었던 트럼프의 열렬한 지지자 공화당 연방 하원의원 그린(Marjorie Taylor Greene)이 엡스타인 건으로 트럼프와 등을 돌리면서 트럼프한테 '배신자(traitor)'로 낙인찍히자, 그간 받아온 감당 못 할 협박 등을 폭로하며 의원직 사퇴까지 하기에 이르렀다.

그러나 엡스타인 파일 전부가 공개되고 이로인해 내년 11월 중
간선거에 패배한다고 해도 트럼프의 결정적 불법사항이 발견되지 않는
한 트럼프는 계속 자리를 지키며 차기 대선까지 노릴 것이고, 이미 공화
당 내 이탈표의 급증 등 레임덕이 급속해져 민주당 주도로 하원 내 탄핵
소추에 성공해도 사상 유례가 전무한 상원의 탄핵 의결까지 가기는 쉽
지 않아 엡스타인 스캔들로 인한 미국 정국 불안은 트럼프의 사퇴 결단
이 없는 한 계속 소용돌이 일 것으로 보인다.

목차

2025년 말, 한국은 그 무풍지대인 듯하지만 근래, 아니 유사 이래로 특히 미국과 영국 등 전 세계 동시다발적으로 역대 최대 규모인 스캔들이 진행 중에 있다. 엡스타인(Jeffrey Edward Epstein) 파일(검찰의 수사기록)과 엡스타인 사건(경찰과 FBI 수사사건), 엡스타인 게이트(연방의회 조사) 등으로도 불리는 사건의 주인공 엡스타인이라는 인물과 그 여성 피해자, 그에 휘말린 특히 유명 인사들에 대한 파장 및 이로 인한 직접적이거나 간접적인 매우 다양한 결과들이다. 이 책은 엡스타인 스캔들로 통칭할 수 있는 그 사안에 대한 사실상 국내 최초의 한국 보고서라고 할 수 있다.

1953년에 태어나 2019년 사망까지 66년 중 2006년 플로리다주 검찰에 의해 기소당한 이후 19년 정도 사회적 관심사가 되어 뉴욕타임스와 월스트리트 저널, CNN, BBC, 마이애미 헤럴드 등 언론은 물론 넷플릭스에서 4부로 구성된 엡스타인(Jeffrey Epstein: Filthy Rich, 2020년

5월 27일 방영) 편과 그 특급비서 기슬레인(Ghislaine Noelle Marion Maxwell)편 다큐멘터리(Ghislaine Maxwell: Filthy Rich, 2022년 11월 25일), 1편의 관련 논픽션 영화('Scoop')까지 나올 정도로 핫 이슈가 되고 있다. 특히 엡스타인의 사망 이후 수많은 엡스타인 스캔들에 대한 심층취재와 책들이 쏟아졌고, 특히 사회적 관심을 유발시킨 대표 피해자 쥬프레(Virginia Roberts Giuffre)의 사후 회고록(Nobody's Girl: A Memoir of Surviving Abuse and Fighting for Justice)이 2025년 10월 21을 기해 전세계적으로 출간되면서 그 안에서 유명 배우 죠지 클루니(George Clooney)마저 소환되어 매스컴을 뜨겁게 달구고 있다.

그 외 워너 브라더스 디스커버리(Warner Bros. Discovery) 소속 유료케이블 네트워크인 HBO(Home Box Office, Inc)는 엡스타인의 삶과 죽음에 대한 한정 시리즈를 제작하고 있고, 소니 픽처스 텔레비전(Sony Pictures Television)도 엡스타인의 삶을 바탕으로 한 미니시리즈를 개발 중이다. CBS 시리즈 굿 파이터(Good Fighter) 시즌 4 피날레에서는 엡스타인의 죽음을 중심으로 이야기가 전개된다. 에이앤이 네트웍스(A+E Networks)의 케이블 네트워크인 라이프타임(Lifetime)의 4부작 다큐멘터리 '제프리 엡스타인으로부터 살아남기(Surviving Jeffrey Epstein)'는 2020년 8월에 공개되었다.

　이른바 엡스타인 리스트와 엡스타인 파일의 일부 공개로 가장 궁지에 몰린 사람이 현 트럼프 대통령과 영국 국왕의 동생인 요크 공작(The Duke of York) 앤드류 왕자다. 이로인해 당선의 일등공신인 마가(MAGA)를 등 돌리게 한 트럼프는 관련 사실을 일절 부인으로 일관하면서 그 시선회피를 위해 챨리 커크(Charlie Kirk) 암살사건을 이용하고 있다고도 하고 일체의 국내외 정치를 비정상적인 몰아치기로 일관하고 있다는 평가도 많다. 앤드류 왕자는 특히 쥬프레의 폭로와 민사소송 제기 및 BBC 등 그 관련해 변명으로 일관한 BBC와의 인터뷰로 인해 공직박탈과 버킹엄궁으로부터의 추방까지 진행 중이며, 최근 쥬프레의 온라인 감시를 위해 영국 경찰을 동원했다는 혐의를 받는 등 쥬프레의 석연찮은 교통사고와 연이은 자살 사건의 배후로 지목을 받고 있다.

　유대인인 엡스타인 스캔들의 직접적 여성 피해자는 500명 이상으로 추측되고 이 가운데 50명 정도가 실명이나 가명으로 고소고발과 민사소송에 나서고 있는데, 거의 전부가 백인이지만 한국계인 Rina Oh가 희귀한 유색인종으로 보인다. Rina Oh는 쥬프레에 의해 공범으로 민사소송을 당했으나 외려 피해자라며 쥬프레에게 민사소송을 제기하고 있다.

엡스타인 스캔들과 관련된 사망(실종)자는 당사자인 엡스타인 (2019년 8월 10일 사망)과 최근 2025년 4월 25일에 사망한 쥬프레를 포함해 모두 21명으로 파악된다. 꾸준하고 체계적으로 타살 의혹이 제기되는 엡스타인은 물론 회고록 출간을 준비하며 열정적으로 활동하다가 의문스러운 교통사고를 당한 직후 석연찮게 자살한 쥬프레를 포함해 대부분의 사망자는 단순한 사망이나 실종보다는 자살이나 사고사로의 위장 여지가 없지 않아 보인다.

* 본서의 주요 내용은 위키피디아, 브리테니커 백과사전, 나무위키, AI(챗 GPT 등) 등 2차 자료와 언론보도 및 영상물, 참고문헌 등 1차 자료를 주요 출전으로 하며, 보다 정확한 내용은 1차 자료는 물론 2차 자료를 통해 웹상에서 간단히 검색하여 확인할 수 있다.

*엡스타인 스캔들은 시기적으로 20년 이상 오랫동안 지속되고 특히 현재에도 더욱 증강하고 포괄적으로 진행 중이어서 추가적 사실이 밝혀지면 이전 내용이 전혀 사실이 아닐 수도 있으므로 지속적 업데이트가 필요하다.

*엡스타인의 수법이 유명 인사의 약점을 잡아 협박하고 원하는 것을 얻어내는 전형적인 블랙메일(blackmail)이어서 매우 미스테리하고, 미국과 이스라엘 및 영국과 심지어 러시아 정보기관까지 개입한 여지가 없지 않은 첩보물이지만, 성(sex)을 매개로 하는 전형적 멜러물이

기도 하고 특히 소아성애자(pedophile)와 성적 학대, 인신매매, 집단적이고 변태적인 성관계 등을 언급하지 않을 수 없어서 미성년자가 읽기에는 다소 부적합하거나 조심스러울 수 있다.

　*사진 등 영상물은 특히 생존자의 경우 명예와 직결되고, 단지 이름이 언급되었다고 가해자나 공범 또는 스캔들 가담자는 아니어서 사진 제시를 최소화했기에 사진이나 동영상 등은 독자가 웹상에서 간단히 검색하여 확인해야 한다.

　*말 그대로 스캔들(scandle)은 입증된 사실이 매우 적고 사안의 성격상 신빙성 있는 자료도 매우 귀해서 추측 사실을 기정사실과 동일시 해서는 안 되며 피해자의 익명성은 최대한 보장되고 가해자로의 단정은 매우 신중해야 한다.

　*엡스타인 스캔들은 2025년에 출범한 제2기 행정부의 수장인 트럼프 현 대통령과 직결된 사안이어서 국내 최초의 보고서인 이 책을 서둘러 2025년 안에 출간한 결과 미흡한 점이 없지 않지만, 여타 관련 번역서 출간 등 후속 보완 작업을 계속할 것을 약속한다.

1. 엡스타인 생애 타임라인

〈제프리 엡스타인의 마지막 머그샷(2019년, 미국 법무부 촬영)〉

1953. 1. 20	출생
2019. 8. 10	사망(만 66세)
1980.	금융업 시작-베어 스턴스(Bear Stearns Companies, Inc.)
1980's	맥스웰(Ghislaine Maxwell)과의 만남.
1988.	J. Epstein & Company 창업(10억 달러 이상 조성목표)
1998.	리틀 세인트 제임스 섬(USVI Little Saint James) 구입(Wexner로부터 약 US $800만 입금)
2000.	마라라고(Mar-a-Lago)클럽의 안마사 16세 쥬프레를 엡스타인의 안마사(masseuse)로 고용
2003.	뉴멕시코주 조로 목장(The Zorro Ranch) 구입(Wexner로부터 약 US $1,200만 입금)
2000's	웩스너 소유 보잉 727 항공기(US $10M)와 맨해튼 타운하우스를 엡스타인에게 무상 양도
2004.	트럼프와의 관계(friendship)가 끝남(그러나 2015년에도 트럼프타워에서 두 사람이 만났다는 보도도 있음)
2005. 3.	14세 소녀의 신고로 플로리다 팜비치(Palm Beach) 경찰이 수사에 착수
2006. 7.	대배심(Grand Jury)에 의해 성매매 알선혐의로 기소당함.
2007. 5.	연방 검찰에 의해 60개 혐의로 예비기소.
2007. 7.	수임 변호인단이 연방수사 종결을 위해 협상, 불기소 협정(NPA)
2008. 6.	플로리다주 차원에서 유죄로 18개월 수감 확정
2009. 7.	13개월 복역 후 석방(수감 기간 중 출퇴근 가능한 '호화시설'에 수감 되어 대부분의 시간을 외출함)
2011	쥬프레가 2편의 인터뷰와 영국 앤드류 왕자와의 사진 1장을 영국 신문에 판매함
2015	쥬프레가 맥스웰을 명예훼손으로 고소하여 합의에 도달.

2018. 11.	마이애미 헤럴드(*The Miami Herald*)가 엡스타인건을 연중기획으로 다룸.
2019. 7.	뉴저지 공항에서 연방 차원 범죄 혐의로 체포
2019. 8. 10.	재판회부 대기 중 숨진 채 발견(Metropolitan Correctional Center, N.Y.)
2020. 5. 27.	넷플릭스 4부작 "제프리 엡스타인-괴물이 된 억만장자(*Jeffrey Epstein: Filthy Rich*)" 방송
2021. 12.	맥스웰, 성적 학대혐의로 유죄 판결
2022. 11. 25	넷플릭스 "기슬레인 맥스웰-괴물이 된 사교계 명사(*Ghislaine Maxwell: Filthy Rich*)" 방송
2024. 1.	법원이 맥스웰에 대한 쥬프레 소송건의 900쪽 이상 문서를 공개
2024. 6.	트럼프가 폭스뉴스에서 엡스타인 파일의 공개를 약속
2025. 2.	연방 법무장관(Pam Bondi)이 엡스타인 리스트가 자신의 책상 위에 있다고 발언
2025. 4. 25.	쥬프레 사망(만 41세)
2025. 5.	법무장관이 트럼프가 비공개 엡스타인 파일에 기재되어 있다고 발언하고, 트럼프는 부인
2025. 7.	미국 법무부가 더 이상의 공개할 문서는 없다고 발언
2025. 9. 8.	트럼프가 엡스타인의 50회 생일에 보낸 외설적인(bawdy) 엽서가 공개됨(이 사진을 공개한 *Wall Street Journal*에 대해 트럼프는 $10 billion 소송을 제기함)
2025. 9. 21.	트럼프가 엡스타인 파일 파문 등 관련해 *The New York Times* 등을 상대로 제기한 $15 billion 명예훼손 손배소 기각, 2025년 10월 17일 재소송 제기
2025. 10. 21.	쥬프레 회고록(*Nobody's Girl: Memoirs*, 400p.) 출간
2025. 11. 19.	'엡스타인파일공개법' 연방의회(상원) 만장일치 통과 후 트럼프 서명

1. 엡스타인 생애 타임라인

1.1 엡스타인의 정체성

*악덕 포주(抱主, pimp): 성적 착취 피해 여성에게 착취 자체의 존재를 일체 부인하고 어떤 뉘우침이나 죄책감이 전무하며 마지막 유서에서조차 허다한 민사소송에 모르쇠로 일관하면서 유산 전부를 신탁에 맡겨 마치 종군위안부에게 만행을 저지른 일제와 유사한 존재

*소아성애자(pedophile): 미성년자, 그 중에서도 프랑스와 남미 등 국내외를 막론하고 불우한 여건의 여자아이들만 골라 가스라이팅으로 회유 협박한 치졸한 변태 성범죄자

*미인계의 주도자: 미성년자(주로 FRPBHS: Florida Royal Palm Beach High School+프랑스 등 미성년자)들을 협박하고 회유(건당 US $200)한 뒤 이들로 '꿀단지(Honey Pot)'를 만들어 거부들과 유력인사를 끌어들인 미인계(Honey Trap)의 주모자

*블랙메일(Blackmail) 전문가: 유명인사들의 약점을 잡아 협박하고 거액의 금품(웩스너, 블랙 등)이나 잇권(부동산과 해외시장 개척 등)을 갈취하고 순응하지 않을 경우 폭로(빌 게이츠, 트럼프, 머스크 등)하겠다고 협박

*정보기관 사칭(관련)자: 정보기관원을 사칭하여 제1차 기소를 무력화시켰고 모사드와 협력관계(?)로서 해외송금 형태 추가 자금을 동원

*잠재적 살인자: 초기 금융업 조력자들(5인)과 신변 관리자들(폭로예정 4인은 정보기관의 작전일 수도?)을 자신의 사망 이후 자살이나 의문사에 이르게 함(관련 사망 및 실종자 본인 포함 18인).

*자승자박(自繩自縛, falling in his own trap): 궁극적 블랙메일의 종국점 도달 직전 유력인사(CIA and/or MOSSAD?)에 의해 결국 죽음에 이름(암살이나 준 자살)?

2. 엡스타인 생애 개요와 초기 생애

2.1 엡스타인의 생애 개요

제프리 에드워드 엡스타인(영어: Jeffrey Edward Epstein, 1953년 1월 20일~2019년 8월 10일)은 요컨대 미국의 금융인(financier)이자 아동 성범죄자(child sex offender)였다. 뉴욕에서 태어나서 자라고 대학 학위가 없음에도 불구하고 뉴욕 맨해튼의 사립명문 대학진학 준비학교인 달튼스쿨(Dalton School)에서 교사로 직업 경력을 시작했다. 1976년 달튼스쿨에서 해고된 후 은행 및 금융부문에 진출하여 베어 스턴스(The Bear Stearns Companies, Inc.)에서 여러 직책을 거친 후 자신의 회사 J. Epstein & Company를 설립했다. 맥스웰의 도움으로 정예 사교계를 형성하여 자신과 그의 동료들이 성적으로 학대한 많은 여성과 아동을 인신매매했다.

2005년 팜비치 경찰은 한 부모가 엡스타인이 자신의 14세 딸을 성적으로 학대했다고 신고받은 후 엡스타인을 조사하기 시작해 엡스타인이 성적으로 학대한 것으로 알려진 36명의 소녀들(일부는 14세 어린 나이)을 확인했다. 엡스타인은 유죄 인정 후 2008년 플로리다주 법원에서 아동 매춘 알선 및 매춘부 알선 혐의로 유죄 판결을 받았다. 논란의 여지가 있는 유죄협상(NPA: Non-Prosecution Agreement)의 일환으로 이 두 가지 범죄에 대해서만 유죄 판결을 받아 선고받은 18개월 중 약 13개월 재소 기간에도 광범위한 노동 석방(work release)이 허용되었다.

엡스타인은 2019년 7월 6일 플로리다와 뉴욕에서 미성년자 성적 인신매매 혐의로 다시 체포되어 기소 등 정식 사법절차를 대기하던 중 2019년 8월 10일 자신의 감방에서 사망했다. 검시관은 목매달아 자살했다고 판정 했지만 엡스타인의 변호사들은 이 판결에 이의를 제기했고, 일반 대중도 사망원인에 대한 상당한 회의론이 제기 되어 수많은 음모론으로 이어졌다. FBI가 자살했다는 결론을 뒷받침하는 비디오 증거를 곧 공개할 것이라고 밝혔지만 미국 법무부가 2025년 7월에 공개한 영상에서는 약 1분 분량의 영상이 누락 되었다.

엡스타인의 사망으로 인해 그에 대한 형사고발 가능성이 사라지자 2019년 8월 29일 모든 형사고발 건이 종결되었다. 엡스타인은 영국 사교계 명사 맥스웰과 수십 년간 밀접한 사이였고, 이후 맥스웰은 엡스타인이 14세 소녀를 포함한 소녀들을 아동 성학대 및 매춘에 이용 하도록 도운 혐의로 미국 연방법원에서 성매매 및 공모 혐의로 유죄 판결을 받게 되었다.

2.2 엡스타인의 초기 생애

엡스타인은 1953년 1월 20일 뉴욕시 브루클린에서 태어났다. 그의 모친인 폴린 "폴라" 스톨로프스키(Pauline "Paula" Stolofsky, 1918년~2004년)와 부친 시모어 조지 엡스타인(Seymour George Epstein, 1916년~1991년)은 유대인이었고, 그가 태어나기 직전인 1952년에 결혼했다. 폴린은 학교 보조원으로 일한 주부였고 시모어는 뉴욕시 공원 및 레크리에이션 부서에서 정원사로 일했다. 제프리는 두 형제 중 형이었고 동생 마크(Mark)는 부동산 개발업자였다(쥬프레는 그가 의사라고도 했다). 브루클린 코니아일랜드(Coney Island)에 있는 사설 게이트 커뮤니티인 브루클린 시게이트(Sea Gate)의 노동계급 지역에서 자랐다. 엡스타인은 부모에게 "베어(Bear)"라고 불렸고, 마크는 "퍼기(Puggie)"로 알려졌다. 이웃들은 엡스타인 가족을 "너무나 온화한 사람들, 가장 온화한 사람들"이라고 매우 평범한 가족으로 묘사했다.

엡스타인은 지역 공립학교에 다녔는데, 먼저 공립학교 188(Public School 188)과 그 근처의 마크 트웨인 주니어 고등학교(Mark Twain Junior High School)에 다니면서 주로 급우들을 가르쳐 돈을 벌 정도로 영특함이 있었다. 지인들은 엡스타인을 "다정하고 관대했지만", "조용하고 너드(몰입형) 같았으며((nerdy)", 그에게 "에피(Eppy)"라는 별명을 붙였다. 한 여성 친구는 나중에 "그는 평범한 소년으로 수학에 매우 뛰어났으며 약간 과체중이었고 항상 웃었다"고 말했다.

엡스타인은 5세 때 피아노를 치기 시작해 친구들 사이에서 재능 있는 음악가로 평가받았다. 라파예트고등학교(Lafayette High School)를 졸업했으며 두 학년을 월반할 정도로 우수했다. 1971년 뉴욕대학교(NYU)로 편입하기 전까지 명문 쿠퍼유니언(Cooper Union)에서 고급 수학 수업을 들었다. 이후 뉴욕대학교의 쿠란트수리과학연구소(Courant Institute of Mathematical Sciences)에서 수학과 생리학을 공부했지만 1974년 6월 학위를 받지 못하고 중퇴했다.

2.3 엡스타인의 교직 생활

21세인 1974년 9월 맨해튼의 어퍼 이스트 사이드에 있는 달튼스쿨(Dalton School)에서 십대들을 위한 물리학 및 수학 교사로 일하기 시작했다. 1974년 6월까지 교장을 역임했던 CIA 출신 도널드 바(Donald Barr)는 당시 여러 파격적인 채용을 진행한 것으로 알려져 있지만 엡스타인 채용에 직접적인 관여를 했는지는 불분명하다.

엡스타인은 당시 미성년 여학생들에게 부적절한 행동을 하면서 끊임없이 관심을 보이고 심지어 어린 학생들이 술을 마시는 파티에 나타나기도 했다고 당시 학생들이 회상했다. 다른 학생들도 종종 그가 여학생들과 시시덕거리는 것을 보았다고 말했다. 엡스타인은 이후 베어스턴스의 최고 경영자 앨런 그린버그(Alan Greenberg)와 친해졌는데,

그의 아들과 딸이 그 학교에 다니고 있었다. 1976년 6월 엡스타인이 "부실한 성과"로 달튼에서 해고된 후 그린버그는 그에게 베어 스턴스에 일자리를 제안했다.

2.4 엡스타인의 정보기관과의 연루 의혹

엡스타인은 정보기관과 연관되어 있다는 소문이 끊이지 않았다. 미국의 언론인 딜런 하워드(Dylan Howard), 멜리사 크로닌(Melissa Cronin), 제임스 로버트슨(James Robertson)은 그들의 책 "엡스타인: 죽은 자는 말이 없다"(Epstein: Dead Men Tell No Tales)에서 엡스타인을 이스라엘 모사드와 연결시켰다. 그들은 그 근거의 대부분을 전 이스라엘 정보요원인 아리 벤-메나쉬(Ari Ben-Menashe)의 증언에 의존했다. 그에 따르면 엡스타인의 스파이 활동은 유력인사들에 대한 타협적인 자료를 수집하여 그들을 블랙메일(blackmail: 약점을 잡아 협박하는 수법) 하기 위함이었다. 유대인인 맥스웰을 통해서도 모사드와의 연관성이 있을 수 있는데, 그녀의 아버지 로버트(Robert) 맥스웰은 생전에 모사드와 매우 밀접했고 익사 사망도 관련이 있다는 것이다. 엡스타인의 피해자 버지니아 쥬프레 또한 엡스타인을 '정보자산(intelligence asset)'이라고 주장하며 엡스타인이 스파이이자 블랙메일 작전을 운영했다는 레딧 페이지(Reddit page)를 트위터에 링크했다.

전 이스라엘 총리 에후드 바락은 2013~2017년 사이 엡스타인과 약 30~36회 만났으며, 엡스타인의 맨해튼 아파트에 머물렀던 기록이 있다. 빅토리아 시크릿(Victoria's Secret) 소유주 레슬리 웩스너(Les Wexner)는 엡스타인의 주요 재정 후원자로, 이스라엘과의 긴밀한 관계(예: 웩스너 재단의 이스라엘 지원 활동 등)로 인해 모사드 연계설의 연결고리로 언급된다. 2015년 엡스타인이 투자한 이스라엘 스타트업 카빈(전 Reporty Homeland Security)은 에후드 바락과 이스라엘 방위산업 관련 인물들이 운영해 왔는데, 카빈은 감시 및 데이터 수집기술을 개발하는 기업으로, 엡스타인의 투자가 모사드의 기술적 이익을 지원했을 가능성이 제기된다.

플로리다의 연방 검사를 역임한 제1기 트럼프 행정부 노동부 장관 알렉산더 아코스타(Alexander Acosta)는 2008년 엡스타인의 변호사들(앨런 더쇼비츠도 포함)과 불기소합의(NPA)에 도달했고, 이로 인해 엡스타인은 매우 가벼운 단 18개월짜리 징역형을 받았지만 실제 복역은 13개월에 불과했다. 아코스타는 나중에 엡스타인이 "정보기관에 소속되어 있었다"는 말을 들었으며, 이 문제는 자신의 "급여 수준"을 넘어서서 가볍게 처리했다고 보고했다. 아코스타는 엡스타인에게 좋은 합의(NPA)를 해 주도록 압력을 받았다. 전 CIA 국장이자 외교관인 윌리엄 J. 번스(William J. Burns)는 엡스타인과 세 번 만났는데, CIA 대변인에 따르면 번스는 엡스타인이 "민간 부문으로 전환하는 데" 도움이 될 것이라고 기대했다. 롤링 스톤의 비키 워드(Vicky Ward in Rolling

Stone)는 2021년에 엡스타인이 정보기관과 연관되어 있다는 소문을 퍼뜨렸고, 엡스타인이 기자에게 자신이 아프리카 항구 지부티(Djibouti)의 소유주를 너무 잘 알고 있어서 밀수에 활용할 수 있다고 자랑한 바 있다. 엡스타인의 의심스런 사망사건에도 이스라엘이나 러시아, 영국 등 외국 정보기관이 아니라 CIA 등 미국 정보기관과 연계되었을 가능성을 높여준다. 이러한 사실들은 엡스타인이 모사드가 아니라 CIA와 연계되었을 수도 있음을 시사한다.

엡스타인이 단기간에 몇십억 달러를 끌어들일 수 있었던 것은 단순히 개인적 재능이나 블랙메일에 의한 협박과 갈취로는 불가능해 보인다. 특히 웩스너(Lesley Wexner)와 레온 블랙(Leon Black) 등 거액을 투자 또는 위탁한 사람들은 넷플릭스 다큐멘터리(엡스타인 편) 웩스너의 발언에서 보듯 단순한 투자가 아니라 결정적 약점이 잡혀 갈취당하다시피 한 게 아닌가, 그러한 결정적 약점을 정보기관의 도움 없이 개인적 노력으로 확보할 수 있겠는가 하는 점이다. 정보기관 중에는 이스라엘 모사드와 미국 CIA, 러시아 및 영국의 정보기관과 연계되었을 가능성이 높은데, 앤드류 왕자로 인한 영국 왕실과 MI6과의 연계 가능성은 낮고 러시아 KGB 또한 연계 가능성이 낮으며, 대략 초기에는 이스라엘 모사드와 연계되고 사망사건에는 미국 정보기관 외 개입은 불가능해 보인다.

독립 러시아 미디어 Dossier Center에 따르면 엡스타인은 2014년 FSB 아카데미(FSB Academy)를 졸업하고 러시아 상트페테르부르크

경제포럼의 수장을 지낸 러시아 공무원 세르게이 벨리야코프(Sergei Belyakov)와 관계가 있었다. 그가 엡스타인에게 러시아 정부에 대한 서방의 제재를 우회하는 방법에 대해 조언했다는 것이다. 기자 울프(Michael Wolff)에 따르면 엡스타인은 2017년에 적어도 한 번 모스크바에서 블라디미르 푸틴을 만났다. 엡스타인은 생애 마지막 10년 동안 푸틴에게 서비스를 제공했다고 반복해서 자랑했다. 2020년에 엡스타인의 벨라루스 "여자 친구"는 아직 Bill Barr의 FBI에 의해 조사받지 않고있다. 존 마크 더건(John Mark Dougan)은 2009년 해임될 때까지 팜비치의 보안관보를 지낸 이후 러시아 정보기관에 영입되어 러시아 정부를 대신하여 허위 정보를 유포하는 일을 했다. 영국 언론보도에 따르면 더건은 엡스타인의 콤프로맷 (kompromat) 일부를 입수했을 가능성이 있으며 엡스타인은 이를 복사하여 러시아에 넘겼을 수도 있다는 것이다. 엡스타인이 러시아와 그 정보기관과 연관되었을 수도 있다는 것이다.

맥스웰은 2025년 7월 토드 블랑쉬(Todd Blanche)와의 교도소 인터뷰에서 엡스타인이 자신과의 관계 동안 정보기관에 연루되었다는 이야기는 "말도 안 된다"고 말했다. 이전에는 엡스타인의 비행기가 "지렛대"를 위해 "도청"되었다고 주장했으며, 크리스티나 옥센버그(Christina Oxenberg)와의 대화에서 해당 오디오 및 비디오 녹음이 엡스타인의 동료이자 공모자 및 유명 인사들을 잠재적으로 유죄로 몰아갈 수 있다고 추측했었다.

3. 엡스타인의 개인 생활

3.1 엡스타인의 연인관계

엡스타인의 전 오랜 여자 친구로는 의사인 에바 안데르손-두빈 (Eva Andersson-Dubin)과 출판 재벌 상속녀 맥스웰이 있다. 엡스타인은 주로 1980년대에 11년간 안데르손-두빈과 교제했으며, 그녀가 글렌(Glenn) 두빈과 결혼한 후에도 좋은 친구 관계를 유지했다. 엡스타인은 1991년까지는 몰락한 미디어 재벌 로버트(Robert) 맥스웰의 딸인 맥스웰을 만났다. 엡스타인은 1991년 맥스웰을 미국으로 오게 하여 그녀의 아버지 사망으로 인한 슬픔을 극복하도록 도왔다. 맥스웰은 나중에 엡스타인의 고발자들 중 몇몇에 의해 미성년 소녀들을 알선하거나 모집한 것으로 연루되어 민사소송을 당했고 한때는 엡스타인의 여자 친구이기도 했다.

엡스타인의 여러 가사 직원들은 2009년에 맥스웰이 엡스타인의 공적 및 사적 생활에서 중심적인 역할을 했고 1992년경부터 직원의 채용, 감독, 해고를 담당했다고 증언했다. 1995년 엡스타인은 자신의 회사 중 이름을 플로리다 팜비치에 있는 기슬레인 코퍼레이션(Ghislaine Corporation)으로 변경한 회사는 1998년에 해산되었다. 2000년 맥스웰은 엡스타인의 뉴욕 맨션에서 10블록도 채 떨어지지 않은 7,000평방피트 규모의 타운하우스로 이사했는데, 이 타운하우스는 익명의 유한책임회사가 US $495만에 매입했으며 주소는 J. Epstein & Co.의 사무실과 일치한다. 구매자를 대리한 사람은 엡스타인의 오랜 변호사 대런 인디케(Darren Indyke)였다. 2003년 배너티 페어(Vanity Fair) 기사에서 엡스타인은 맥스웰을 "내 가장 친한 친구"라고 언급했다.

엡스타인의 마지막 여성 파트너는 카리나 슐리아크(Karyna Shuliak)로, 2019년 수감 중에도 관계를 유지했고 엡스타인 사후에도 계속되는 여러 재정적 합의의 "가장 큰 수혜자 중 한 명"이다. 벨라루스 출신으로 "질투(jealousy)"와 엡스타인의 일정 및 연락처 목록을 꼼꼼히 살펴보는 모습 때문에 "감독관(the inspector)"이라는 별명이 붙었다. 두 사람의 관계는 엡스타인이 매춘을 위해 아이를 알선한 혐의로 2010년 감옥에서 풀려난 후 시작되어 엡스타인과 통화를 한 마지막 사람이었다. 두 사람은 엡스타인이 미국으로 돌아와 비행기에서 내리면서 체포되기 전까지 파리에서 함께 있었고 엡스타인의 체포 장면도 목격했다. 엡스타인이 그녀의 치과의사 교육비와 어머니의 의료비, 그리고 벨라루스에 있는 부모님의 집 구입비용까지 지불 할 정도로 가까웠다.

3.2 엡스타인의 청소년 피해자

쥬프레는 엡스타인이 "취약한 피해자만 골랐다... 13살이 되자 그녀는 거리에서 살면서 나이 든 남성들에게 학대를 당했기에 엡스타인과의 삶은 일종의 안정감을 제공했다. 그는 그녀에게 돈을 주고 아파트를 구해 주었고, 뉴멕시코, 런던, 파리, 탕헤르(Tangiers), 그리고 자신의 섬으로 데려갔다."고 말했다. 한 여성은 소송에서 엡스타인이 항만청 버스터미널 등에서 미성년 소녀들을 매매하도록 자신을 고용했으며 엡스타인의 강간을 목격했다고 증언했다.

"제프리는 우리가 버려질 수 있다고 생각했다"고 말하는 아누스카 드 조르지우(Anouska De Georgiou)는 모델활동을 통해 엡스타인을 만났다. 찬테 데이비스(Chauntae Davies)와 레이첼 베나비데스(Rachel Benavidez)는 마사지 서비스를 통해 만났다. 엡스타인은 베나비데스와 조로 랜치(Zorro Ranch)에서 2년 동안 만났을 때 그녀를 조종했지만 그녀가 비밀유지 계약서에 서명하기를 거부하자 자신의 그룹에서 그녀를 내쫓았다. 베나비데스는 "그는 저에게 지속적인 교육과 세계적인 수준의 고객층을 확보해 주겠다고 약속했습니다. 그리고 그렇게 저를 유혹했습니다."라고 말했다.

루슬라나 코르슈노바(Ruslana Korshunova)는 2006년 6월 7일 엡스타인의 미국령 버진아일랜드(USVI) 자택으로 향하는 그의 제트기에 탑승했을 당시 18세였다. 그들은 전 UFC 선수 스테파니 티드웰

(Stephanie Tidwell)과 그의 보디가드 이고르 지노비에프, 개인 셰프 랜스 캘러웨이, 그리고 보조 사라 켈런과 함께 롤리타 익스프레스(Lolita Express)에 탑승했다. 코르슈노바는 20세가 되자 아파트 발코니에서 뛰어내려 자살했다.

200명 이상의 피해자를 대리하는 변호사 에드워즈(Brad Edwards)는 엡스타인이 이들 여성과 소녀들을 모두 성적으로 학대했지만 다른 남성, 즉 선택된 소수에 의해 성적으로 학대를 당한 사람은 소수에 불과하다고 지적한다.

3.3 엡스타인의 지인들

엡스타인은 앤드류 왕자(Andrew Mountbatten Windsor)와 톰 배럭(Tom Barrack)의 오랜 지인이었으며, 하비 와인스틴(Harvey Weinstein), 데이빗 카퍼필드(David Copperfield), 빌 클린턴, 조지 스테퍼노펄러스(George Stephanopoulos), 마크 저커버그, 도널드 트럼프, 케이티 커릭(Katie Couric), 우디 앨런, 제프 베이조스, 세르게이 브린(Sergey Brin), 나오미 캠벨, 스티븐 호킹을 포함한 많은 저명한 사람들과 파티에 참석했다. 그의 인쇄된 주소록에 기재된 연락처에는 루퍼트 머독, 마이클 블룸버그, 앤드류 쿠오모, 존 케리, 리처드 브랜슨(Richard Branson), 앨릭 볼드윈, 데이비드 코크(David Koch), 그리고 마이클 잭슨이 포함되어 있었다. "블랙 북(black book)"에는 이스라엘 전 총리 에후드 바라크, 영국 총리 토니 블레어, 사우디아라비아 왕세자 무함마드 빈 살만도 포함되어 있었다. 클린턴과 트럼프는 모두 엡스타인의 섬을 방문한 적이 없다고 주장했다.

마이클 울프(Michael Wolff)에 따르면 전 트럼프 최고 전략가 스티브 배넌(Steve Bannon)은 엡스타인을 2017년 12월에 만났고 뉴욕 맨션에서 여러 번 만났다. 또한 울프에 따르면 배넌은 엡스타인에게 60분 인터뷰를 위해 코칭을 했지만 이 인터뷰는 성사되지 않았다. 뉴욕타임스 기사는 빌 게이츠와 엡스타인과의 관계가 2011년 엡스타인의 유죄판결 몇 년 후에 시작되어 몇 년간 지속되었다고 보도했다. 2021년 8월 게이츠는 엡스타인과의 만난 이유가 엡스타인이 자선활동을 위한 자금을 제공할 수 있기를 바랐기 때문이라고 말했지만 그 아이디어는 성사되지 않았다. 게이츠는 "그와 시간을 보낸 것은 엄청난 실수였다. 그에게 그곳에 있었다는 신뢰를 준 것이었다"고 덧붙였다.

엡스타인은 개인용 보잉 727 제트기를 소유해 자주 비행했는데, "연간 600시간의 비행시간… 주로 손님과 함께"라고 기록되어 있다. 이 제트기는 버진아일랜드 주민들에 의해 롤리타 익스프레스(Lolita Express)라는 별명으로 불렸는데, 리틀 세인트 제임스섬에 미성년자 소녀들을 태우고 자주 도착했기 때문이다. 2003년 엡스타인은 피델 카스트로 쿠바 대통령의 초청으로 콜롬비아 대통령 안드레스 파스트라나 아랑고와 함께 자신의 비행기를 타고 쿠바로 날아갔다. 마이애미 헤럴드의 파비

올라 산티아고(Fabiola Santiago)에 따르면 엡스타인은 당시 사법기관의 조사를 받고 있었기 때문에 쿠바로의 이주를 고려했을 가능성이 높다.

2009년 엡스타인의 동생 마크는 트럼프가 엡스타인의 비행기를 최소 한 번 탔다고 주장했다. 마크는 나중에 워싱턴포스트에 트럼프가 엡스타인의 비행기를 "수없이" 탔다고 했지만, 당시에는 트럼프가 단 한 번만 탑승했다고 말했다. 마이클 코코런(Michael Corcoran)에 따르면 트럼프가 자신의 비행기로 엡스타인을 최소 한 번 태웠다고 한다. 2002년 9월 엡스타인은 자신의 제트기로 클린턴, 케빈 스페이시, 크리스 터커를 아프리카로 데려갔다. 2016년에 입수된 비행기록에 따르면 빌 클린턴은 최소 12개의 국제 목적지로 27번 비행했다.

비행기록에는 2002년 아시아 여행에서 최소 5편의 비행에 대한 미국 비밀경호국의 세부 사항이 기재되어 있지 않았고, 비밀경호국은 클린턴이 엡스타인의 개인 섬을 방문했다는 증거가 없다고 진술했다. 2019년 클린턴 대변인 앤젤 우레냐(Angel Ureña)는 2002년과 2003년에 클린턴이 엡스타인의 비행기로 네 번 여행했으며, 직원 및 비밀경호국과 함께 세 대륙에 걸쳐 경유했다고 밝혔다. 엡스타인이 2019년 체포될 당시 우레냐는 클린턴이 "10년 넘게 엡스타인과 이야기하지 않았으며, 리틀 세인트 제임스 섬, 뉴멕시코에 있는 엡스타인의 목장, 또는 플로리다에 있는 그의 거주지에는 가본 적이 없다"고 진술했다.

2002년 뉴욕 메거진(New York Magazine)의 엡스타인 프로필에서 트럼프는 다음과 같이 언급했다: "나는 제프를 15년 동안 알았다.

대단한 사람이다. 그와 함께 있으면 정말 재미있다. 그가 나만큼 아름다운 여자를 좋아한다는 말도 있는데, 그들 중 많은 수가 어린 편이다. 의심할 여지 없이 – 제프리는 자신의 사회생활을 즐긴다." 2019년 7월 트럼프는 "팜비치에 사는 모든 사람이 그를 알듯이 나도 그를 알았다"고 말하며, 엡스타인의 "팬"이 아니었고 약 15년 동안 그와 이야기한 적이 없다고 네 번 진술했다. 1992년 마러라고에서 두 남성이 함께 파티를 즐기는 영상이 공개되었지만 2007년까지 트럼프는 엡스타인을 그의 마러라고 클럽에서 추방한 것으로 알려졌는데, 이는 그가 어린 소녀들을 추행했기 때문이었다. 이 추방 주장은 변호사 브래들리 에드워즈가 제출한 법원 문서에 나와 있지만, 에드워즈는 나중에 그것은 단지 소문이었고 확인하려고 했지만 할 수 없었다고 말했다.

2002년 클린턴의 대변인은 엡스타인을 "헌신적인 자선가"이자 "통찰력과 관대함"을 가진 인물로 칭찬했는데, 당시 엡스타인은 록펠러대학교 이사, 삼극위원회(Trilateral Commission) 및 외교협회(Council on Foreign Relations) 회원이었으며 하버드대학교의 주요 기부자였다. 엡스타인은 클린턴이 대통령이던 시절 백악관을 네 차례 방문한 것으로 알려져 있고, 1993년 맥스웰과 함께 백악관 기부 행사에도 참석했다. 같은 시기에 그는 백악관에서 클린턴 대통령의 보좌관 마크 미들턴(Mark Middleton)과 최소 세 번 만났는데, 미들턴은 나중에 의문스런 자살을 한다. 1995년 금융가 린 포레스터(Lynn Forester)는 클린턴 및 "제프리 엡스타인과 함께 통화 안정화"에 대해 논의했다. 엡스타인은 외환시장에 깊이 관여했으며 규제되지 않은 외환시장에서 대량의 통화를 거래했다. 1995년 엡스타인은 빌 클린턴을 위한 소규모 정치 기금모금 만찬에도 참석했다.

1990년대부터 2000년대 중반까지 엡스타인은 트럼프와 자주 교류했다. 작가 마이클 울프는 당시 트럼프, 엡스타인, 톰 배럭(Tom Barrack)이 사교계에서 "밤문화 총사들(set of nightlife musketeers)" 같았다고 썼다. 2017년 녹음에서 엡스타인은 자신이 "10년간 도널드의 가장 친한 친구"였다고 진술했다. 엡스타인과 트럼프는 뉴욕시와 팜비치에 모두 집이 있었고 그곳에서 사교 활동을 했다. 2003년 4월 뉴욕 매거진(New York Magazine)은 엡스타인이 맨해튼 자택에서 클린턴을 기리는 만찬회를 열었으나 클린턴은 참석하지 않았고 트럼프만 참석했다고 보도했다. 워싱턴포스트에 따르면 당시 엡스타인과 트럼프를 알던 한 사람은 "그들은 친했고", "서로의 윙맨(wingmen)이었다"고 언급했다. 2004년 11월 엡스타인과 트럼프와의 우정은 팜비치에서 경매에 나온 4천만 달러짜리 저택 메종 드 라미티에(Maison de L'Amitié)를 두고 입찰경쟁에 휘말리면서 곤경에 처했다. 트럼프는 US $4천1백만 경매에서 승리해 4년 후 러시아 억만장자 드미트리 리볼로블레프에게 US $9천5백만에 성공적으로 매각했다. 그 달은 엡스타인과 트럼프가 교류한 마지막 기록이다. 그러나 2015년에도 트럼프타워에서 두 사람이 만났다는 사진이 공개되었다. 곧 3만 페이지에 이르는 엡스타인 파일이 공개되면 확인될 수도 있는 사안이다.

4. 엡스타인의 금융계 경력과 투자

4.1 베어 스턴스 경력(1976-1981)

엡스타인은 1976년 베어 스턴스에 하위직 플로어 트레이더 보조원으로 입사했다. 이후 빠르게 승진하여 옵션 트레이더가 되었고, 특별 상품 부서에서 시그램 회장 에드거 브론프만(Edgar Bronfman)과 같은 은행의 가장 부유한 고객들에게 세금 절감 전략에 대해 조언했다. 나중에 은행의 최고경영자가 된 지미 케인(Jimmy Cayne)은 엡스타인의 부유한 고객 및 복잡한 상품 다루는 기술을 칭찬했다. 1980년 베어 스턴스 입사 4년 후 엡스타인은 유한 파트너(limited partner)가 되었다. 1981년 엡스타인은 "레그 D 위반(Reg D violation)"으로 베어 스턴스를 떠나달라는 요청을 받고 갑작스럽게 떠났지만 그 이후에도 케인 및 그린버그와 가까운 관계를 유지했으며, 2008년 베어 스턴스 붕괴 전까지는 베어 스턴스의 고객이기도 했다.

4.2 금융 컨설팅 경력(Financial troubleshooter, 1981-1987)

1981년 8월 엡스타인은 자신의 컨설팅 회사인 인터콘티넨탈 애셋 그룹(IAG: Intercontinental Assets Group Inc.)을 설립했는데, 이 회사는 고객들이 사기 브로커 및 변호사로에게 도난당한 돈을 회수하는 일을 해서 엡스타인은 이 시기 자신의 일을 고급 현상금 사냥꾼(a high-level bounty hunter)으로 묘사했다. 그는 친구들에게 때로는 정부와 매우 부유한 사람들을 위해 횡령된 자금을 회수하는 컨설턴트로 일했고, 다른 때에는 자금을 횡령한 고객들을 위해 일했다. 스페인 여배우이자 상속녀인 아나 오브레곤(Ana Obregón)은 그런 부유한 고객 중 한 명이었는데, 엡스타인은 1982년 그녀의 아버지가 사기로 인해 드라이스데일 정부 증권(Drysdale Government Securities)이 붕괴 되면서 잃은 수백만 달러의 투자금을 회수하는 데 도움을 주었다.

엡스타인은 사람들에게 자신이 첩보원이었다고 말하기도 했다. 1980년대에 엡스타인은 자신의 사진에 가명이 기재된 오스트리아 여권을 소지했는데, 여권에는 그의 거주지가 사우디아라비아로 표시되어 있었다. 2017년, "전 백악관 고위 관리"는 2008년 엡스타인의 형사 사건을 담당했던 플로리다 남부지구 연방검사 알렉산더 아코스타(Alexander Acosta)가 트럼프 대통령의 첫 인수팀 면접관들에게 "나는 엡스타인이 정보기관 소속이었으며 '손대지 말라'는 말을 들었고, 엡스타인은 자신의 페이 그레이드보다 높은 사람이었다"고 말했다고 보고했다.

이 기간 동안 엡스타인의 고객 중 한 명은 사우디아라비아 사업가 아드난 카슈끄지(Adnan Khashoggi)로, 그는 1980년대 이란-콘트라 사건의 일환으로 이스라엘에서 이란으로 미국 무기를 이전하는 중개인이었다. 카슈끄지는 그가 알던 몇몇 국방계약자 중 한 명이었다. 1980년대 중반 엡스타인은 유럽과 서남아시아를 여러 번 여행했다. 런던에 있는 동안 엡스타인은 스티븐 호펜버그(Steven Hoffenberg)를 만났다. 이들은 국방계약자 더글러스 리스(Douglas Leese) 및 전 미국의 법무부 장관 존 미첼을 통해 연결되었다.

4.3 타워스 파이낸셜 코퍼레이션 경력(Towers Financial Corporation, 1987-1993)

스티븐 호펜버그는 1987년 엡스타인을 타워스 파이낸셜 코퍼레이션(1998년 설립되어 2014년 올드 내셔널 뱅코프에 인수된 동명의 회사와 무관)의 컨설턴트로 고용했는데, 이 회사는 병원과 은행, 전화 회사에 대한 채무를 매입하는 채권회수 기관이었다. 호펜버그는 엡스타인에게 맨해튼의 빌라드 하우스(Villard Houses)에 사무실을 마련해주고 컨설팅 업무대가로 한 달에 US $25,000(1987년, 2024년 기준으로는 $57,000에 해당에 해당)를 지불했다.

호펜버그와 엡스타인은 타워스 파이낸셜을 자신들의 강탈도구로 사용하여 기업사냥꾼으로 변모했다. 엡스타인이 호펜버그를 위해 처음으로 맡은 임무 중 하나인 1987년 팬암(Pan American World Airway)을 인수하려는 시도는 결국 실패로 끝났다. 1988년에도 에머리 에어 프레이트 코퍼레이션(Emery Air Freight Corp.)을 인수하려는 비슷한 시도도 실패했다. 이 기간 동안 호펜버그와 엡스타인은 긴밀히 협력하며 호펜버그의 개인 제트기로 어디든 함께 여행했다.

1993년 타워스 파이낸셜 코퍼레이션은 미국 역사상 가장 큰 폰지사기(Ponzi schemes) 중 하나로 드러나 투자자들의 돈 US $4억 5천만(1993년, 2024년 기준으로 $806,185,000에 해당) 이상을 잃게 되면서 파산했는데, 법원문서에서 호펜버그는 엡스타인이 이 계획에 깊이 관여했다고 주장했다. 엡스타인은 1989년 이전 회사를 떠나 엄청난 증권사기에 연루된 혐의로 기소되지 않았다. 엡스타인이 타워스 폰지사기에서 훔친 자금을 취득했는지는 아직도 알려져 있지 않다.

4.4 재무관리 회사의 창업(J. Epstein & Company, 1988-2019)

1988년 엡스타인은 호펜버그를 위해 컨설팅을 계속하면서 자신의 재무관리 회사인 J. Epstein & Company를 설립했다. 이 회사는 엡스타인이 순자산 US $10억 이상인 고객의 자산을 관리하기 위해 설립되었다고 말했지만 고객 선택에 제한을 두지 않았다.

유일하게 공개적으로 알려진 엡스타인의 억만장자 고객은 빅토리아 시크릿(Victoria's Secret)의 모회사인 L Brands(구 The Limited, Inc.)의 회장이자 CEO인 레스 웩스너(Leslie Wexner)였다. 엡스타인은 1986년 처음 팜비치에서 보험간부 로버트 마이스터(Robert Meister)와 그의 아내라는 상호 지인을 통해 웩스너를 만났다. 1년 후 엡스타인은 웩스너의 재정고문이 되었고 그의 오른팔 역할을 했다. 그 해 안에 엡스타인이 웩스너의 복잡한 재정을 정리한 후 1991년 7월 웩스너는 엡스타인에게 자신의 업무에 대한 완전한 위임장을 부여했다. 이 위임장은 엡스타인이 웩스너를 대신하여 사람을 고용하고 수표에 서명하고 부동산을 사고팔고 돈을 빌리고 법적 구속력이 있는 다른 모든 일을 할 수 있도록 허용했다. 엡스타인은 웩스너의 재산과 리미트리스(Limitless) 요트 건조와 같은 다양한 프로젝트를 관리했다.

1995년까지 엡스타인은 웩스너 재단(Wexner Foundation)과 웩스너 헤리티지 재단(Wexner Heritage Foundation)의 이사였다. 그는 또한 웩스너가 살던 콜럼버스 외곽 뉴 올버니(New Albany outside Columbus, Ohio) 마을의 일부를 개발한 웩스너부동산(Wexner's Property) 회장직을 맡았다. 엡스타인은 웩스너의 재정을 관리하여 수백만 달러의 수수료를 벌었다. L Brands에 고용된 적은 없지만 회사임원들과 자주 소통했다. 엡스타인은 종종 빅토리아 시크릿 패션쇼에 참

석했고 모델들을 자신의 뉴욕 자택에 초대했으며 지망생 모델들이 회사
와 일자리를 얻는 데 도움을 주었다.

1996년 엡스타인은 자신의 회사 이름을 Financial Trust Company
로 변경하고, 조세회피를 위해 미국령 버진아일랜드의 세인트 토머스섬
(Island of St. Thomas in the US Virgin Islands)에 본사를 두었다. 미국
령 버진아일랜드로 이전함으로써 엡스타인은 연방소득세를 90% 줄일
수 있었다. 미국령 버진아일랜드는 역외 조세피난처(Tax Haven) 역할
을 하는 동시에 미국 은행 시스템이라는 이점을 제공했다.

4.5 엡스타인의 미디어 활동(Epstein & Zuckerman, 2003-2004)

2003년 엡스타인은 미디어 재벌이자 뉴욕 데일리 뉴스(New
York Daily News) 발행인 모티머 주커만(Mortimer Zuckerman)과 함
께 뉴욕 매거진(New York Magazine) 인수에 입찰했는데, 다른 입찰자
로는 광고 간부 도니 도이치(Donny Deutsch), 투자자 넬슨 펠츠(Nelson
Peltz) 등이 있었고, 최종 인수자는 US $5,500만을 지불한 월가의 오랜
투자 은행가인 브루스 워터스타인(Bruce Wasserstein)이었다.

2004년 엡스타인과 주커만은 매어 로샨(Maer Roshan)이 설립
한 연예 및 대중문화 잡지 레이더(Radar)의 자금조달을 위해 최대 US

$2,500만을 투자했다. 엡스타인과 주커만은 이 벤처의 동등한 파트너였고 로샨은 편집장으로서 소량의 소유 지분만 유지했다. 이 잡지는 인쇄판으로 세 번 발행된 후 폐간되어 온라인 전용으로 전환되었다.

4.6 리퀴드 펀딩 주식회사(Liquid Funding Ltd.)와 베어 스턴스의 붕괴(2000~2008)

엡스타인은 2000년부터 2007년까지 Liquid Funding Ltd.의 사장이었다. 이 회사는 환매시장에서 허용되는 채무의 종류를 확장하는 초기 개척자로, 환매시장은 대출자가 차입자에게 돈을 빌려주고 차입자는 나중에 합의된 시간과 가격으로 다시 사기로 약속하는 유가증권을 담보로 제공하는 방식이다. Liquid Funding은 기초 담보증권으로 주식과 채권 대신 상업모기지와 투자등급의 주거용 모기지가 복합증권으로 묶여 사용되었다는 점에서 이전과는 다른 방식이었다.

이 리퀴드펀딩은 처음에는 베어 스턴스가 40%를 소유하고 있었고, 신용평가사인 스탠더드 앤드 푸어스(Standard & Poor's), 피치 그룹(Fitch Ratings), 무디스 인베스터스 서비스(Moody's Investors Service)의 도움으로 새로운 묶음 증권들이 기업을 위해 생겨나 AAA 등급을 받았다. 부정확한 등급 때문에 그러한 복잡한 증권들이 폭락하면서 2008년 3월 베어 스턴스가 붕괴 되었고, 이로인해 2008년 금융위기와 그 후의 대침체가 시작되었다. 만약 리퀴드 펀딩이 담보로 대량의 그러한 증권들을 보유하고 있었다면 막대한 손실을 입었을 수도 있었다.

4.7 즈원(Zwirn, 2002-2008) 투자

2002년부터 2005년까지 엡스타인은 비유동성 채무증권에 투자하는 헤지펀드인 D.B. Zwirn Special Opportunities Fund에 US $8천만을 투자했다. 2006년 11월 이 펀드의 회계 부정에 대해 통보받은 후 자신의 투자를 상환하려고 시도 했지만 그의 투자는 US $1억 4천만으로 불어났다. D.B. Zwirn 펀드는 투자금상환을 거부했고, 비유동성 증권에 투자하는 헤지펀드는 일반적으로 모든 투자자에 대해 수년간의 "록업(lockup)"을 가지고 있으며, 60~90일 전에 서면으로 상환요청을 해야 한다. 이 펀드는 2008년에 폐쇄되었고, 엡스타인의 투자를 포함한 약 US $20억의 남은 자산은 2009년에 Fortress Investment Group이 매입하면서 이 회사로 이전되었다. 엡스타인은 나중에 자신의 상환시도에 대해 Fortress와 중재에 나섰지만 그 결과는 공개되지 않았다.

2006년 8월 엡스타인은 연방 조사가 시작된 지 한 달 만에 베어스턴스 하이그레이드 스트럭처드 크레디트 스트래티지스 인핸스드 레버리지(Bear Stearns High-Grade Structured Credit Strategies Enhanced Leverage) 헤지펀드에 US $5,700만을 투자했다. 이 펀드는 주택저당 부채담보부증권(CDO)에 밀접히 연계되어 있었다.

　　2007년 4월 18일 이 펀드의 한 투자자는 US $5,700만을 투자한 상태에서 자신의 투자를 상환하는 방안을 논의했는데 이때 펀드의 레버리지 비율은 17:1로, 이는 투자된 1달러당 17달러의 차입자금이 있었다는 의미였다. 따라서 이 투자의 상환은 유동성이 낮은 CDO 시장에서 US $10억을 인출하는 것과 같은 것이다. 그 달에 상환을 충족시키기 위한 CDO 자산의 매도는 가격 재조정 과정과 CDO 시장의 전반적인 동결을 초래해 3개월 후인 7월에 펀드의 붕괴를 야기했고, 궁극적으로 2008년 3월 베어 스턴스의 붕괴로 이어졌다. 엡스타인도 이 투자의 대부분을 잃었을 가능성이 높지만 그의 손실액은 알려져 있지 않다.

　　2007년 5월 베어 스턴스 펀드가 실패하기 시작할 무렵 엡스타인은 미성년자와의 성관계에 대한 임박한 혐의에 대해 연방 검찰청과 플리바게닝을 협상하기 시작했다. 2007년 8월 펀드가 붕괴된 지 한 달 후 마이애미의 미국 검사 알렉산더 아코스타는 플리바게닝에 대해 직접 논의했는데, 아코스타는 그에게 상위 정부관료들로부터 엡스타인이 정부에 중요한 인물이라는 말을 들었고 이 때문에 관대한 거래를 중개했다고 나중에 주장했다. 마이애미 헤럴드에 따르면 협상과정에서 엡스타인은 더욱 관대한 형량을 위해 플로리다주의 연방검사들에게 "명시되지 않은 정보"를 제공했으며, 엡스타인은 실패한 베어 스턴스 헤지펀드의 두 관리자에 대한 2008년 6월 뉴욕 연방검사들의 형사사건에서 이름 없는 핵심 증인이었다. 엡스타인 사건의 플로리다 변호사 중 한 명인 앨런 더쇼비츠는 폭스 비즈니스 네트워크에 "만약 그가 (협조했다면) 우리는 그것을 자랑했을 것이다. 엡스타인이 어떤 기소에든 도움이 되었다는 생각은 나에게는 새로운 소식이다"라고 말했다.

4.8 카르빈(Carbyne, 2015) 투자

2015년 이스라엘 신문 하아레츠(Haaretz)는 엡스타인이 스타트업 Reporty Homeland Security(2018년 Carbyne으로 리브랜딩)에 투자했다고 보도했다. 이 스타트업은 이스라엘의 방위산업과 관련되어 전 이스라엘 총리인 에후드 바라크(Ehud Barak)가 이끌었으며, 그는 한때 국방부 장관이자 이스라엘 방위군(IDF)의 참모총장이었다. 이 회사의 CEO는 특수부대 장교인 아미르 엘리하이(Amir Elihai)이며, 회사의 이사이자 전 국방부 사무총장 및 IDF 사이버 부대 8200의 사령관인 핀차스 부크리스(Pinchas Bukhris)도 이사였다. 엡스타인과 카르빈의 수장인 바라크는 가까워서 엡스타인은 맨해튼 66번가 동쪽 301번지에 있는 자신의 아파트 유닛 중 한 곳에서 그에게 숙소를 제공하기도 했다. 엡스타인은 이스라엘의 연구 및 군사부문과 과거에도 협력한 경험이 있었다. 2008년 4월 이스라엘을 방문하여 여러 연구과학자들을 만났고 다양한 이스라엘 군사기지를 방문했다.

4.9 Tesla(2018)와의 관계

2018년 8월 엡스타인은 뉴욕타임스와의 인터뷰에서 일런 머스크가 SEC(The United States Securities and Exchange Commission)와 갈등을 빚고 있을 때 테슬라의 새 수장 선임에 도움을 주었다.

5.1 엡스타인의 재산

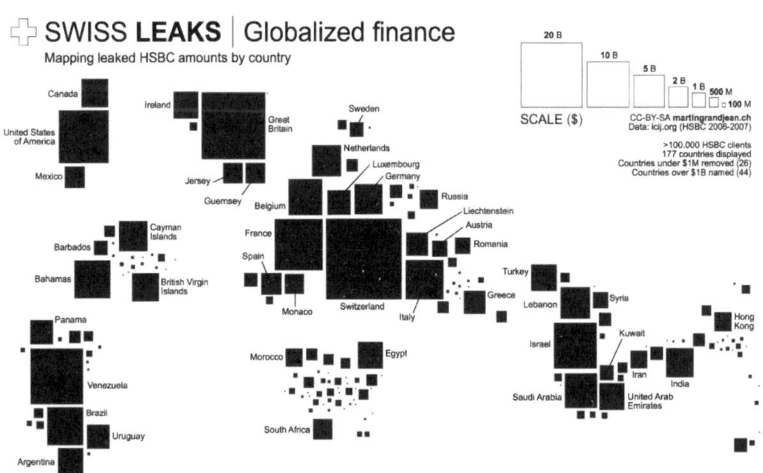

〈엡스타인의 자산의 지역별 예치내역(Martin Grandjean, SwissLeaks: The Map of
the Globalized Tax Evasion, 2015)〉

엡스타인 재산의 정확한 출처는 알려져 있지 않다. 레슬리 웩스너(Les Wexner)는 엡스타인 초기재산의 가장 중요한 출처였다. 엡스타인의 한 비서 또한 그가 맥스웰의 미디어 거물 아버지인 로버트(Robert) 맥스웰을 통해 재산을 모으기 시작했다고 진술했다. 2008년 엡스타인이 매춘 알선 및 조달혐의를 인정했을 때 그의 변호사들은 그가 순자산 US $10억이 넘는 십억만장자라고 진술했다. 그러나 여러 출처에서 엡스타인의 재산규모와 억만장자로서의 지위에 의문을 제기했다. 뉴욕타임스 기사에 따르면, 그의 "재산은 사실이라기보다는 환상에 가까울 수 있다". 엡스타인은 2008년 금융위기로 "막대한 돈"을 잃었고, 소매업 억만장자 레슬리 웩스너를 포함한 "친구와 후원자들"은 2008년 매춘혐의를 인정한 후 "그를 버렸다". 뉴욕 매거진은 엡스타인의 "재정적 신뢰도"에 대한 "증거가 거의 없다"고 주장했고, 포브스 또한 "왜 성범죄자 제프리 엡스타인은 억만장자가 아닌가"라는 제목의 기사를 게재했다.

미성년자와의 성행위 혐의로 엡스타인이 유죄를 인정한 사건에서 피해자 세 명의 변호사였던 스펜서 쿠빈(Spencer Kuvin)은 "그와 그의 팀이 엡스타인의 순자산을 알아내기 위해 '가능한 모든 방법을 동원했지만', 그의 재산 대부분이 역외에 있다는 것을 발견했다"고 진술했다. 마이애미 헤럴드가 스위스 릭스(Swiss Leaks) 문서를 조사한 결과 엡스타인이 역외 조세피난처에 수백만 달러가 예치된 여러 금융계좌를 가지고 있는 것으로 나타났다. 패러다이스 페이퍼스(Paradise Papers)에서는 엡스타인이 1997년 2월 역외회사와 투자수단 설립을 전문으로

하는 버뮤다 기반 로펌 애플비(Appleby)의 고객이 되었음을 보여준다. 엡스타인의 고객 프로필은 그의 직업을 "포춘 매니저"라고 모호하게 설명했다.

　　2019년 7월 12일 연방 검찰은 법원문서에서 한 금융기관의 기록을 바탕으로 제프리 엡스타인이 "엄청난 부자"이며 최소 US $5억의 자산을 보유하고 연간 US $1천만 이상을 벌어들였다고 진술했다. 그러나 보석신청을 위해 재정진술서를 작성하지 않았기 때문에 그의 재산 규모는 알려지지 않았다. 블룸버그 뉴스에 따르면, "오늘날 엡스타인의 현재 사업이나 고객에 대해 알려진 바가 너무 적어서 확실하게 가치를 매길 수 있는 것은 그의 재산뿐이다." 마이애미 헤럴드는 패러다이스 페이퍼스와 스위스 릭스 문서에 대한 조사에서 엡스타인의 재산이 전 세계에 비밀리에 분산되어 있을 가능성이 높다고 결론 내렸다.

　　2020년 엡스타인 유산법인(Epstein Estate)의 재정보고서에 따르면 2020년 6월부터 2020년 12월까지 미국령 버진아일랜드에 설립된 "엡스타인 피해자보상기금(Epstein Victims Compensation Fund)"에 의해 100명 이상의 여성들에게 거의 US $5천만이 지급되었다. 2021년 2월 기준으로 유산은 전년도 US $6억 3천만 추정치에서 약 US $2억 4천만으로 줄어들었다. 이로 인해 미국령 버진아일랜드의 법무장관 데니스 조지(Denise George)는 즉각적인 자산 동결을 요청하는 긴급동의를 제출하면서 피해자들이 동참한 법원문서에서 유산집행자들이 돈을 "잘못 관리했다"고 주장했다.

엡스타인이 보유했거나 운용한 자산규모는 대략 US $3billion (한화 약 4조 5천억원) 정도로 추산되는데, 그중 $120million 정도가 거부 웩스너(Leslie Wexner)로부터 자산관리 수수료 및 리트 세인트 제임스 섬과 뉴멕시코주 조로목장 구입대금으로 들어왔고, 아폴로 글로벌매니지먼트(Apollo Global Management)의 CEO 레온 블랙(Leon Black)으로부터의 자문료 $158million, 도이치 방크(Deutsche Bank) 계좌로의 1,885건 등 송금액 $330million 등으로 구성된다. 그 외 웩스너로부터 보잉 비행기(약 $10million 상당)와 뉴욕 저택(약 $100million 상당) 등을 무상 증여받았다. 거부들로부터의 유입된 거액이 투자금 유치 차원인지 블랙메일에 의한 갈취인지 불확실하고, 특히 의심스러운 거액의 도이치 방크 계좌 수입은 모사드 등 이스라엘 정보기관에 의한 송금일 개연성도 있다.

5.2 엡스타인의 저택과 비행기

1. 뉴욕 남부지역 저택(Southern District of New York)

가장 먼저 엡스타인은 뉴욕시 맨해튼의 어퍼 이스트 사이드 (Upper East Side of Manhattan)에 있는 9 이스트 71번가 9번지 허버트 N. 스트라우스 하우스(Herbert N. Straus House on 9 East 71st Street)

를 소유했다. 이 건물은 원래 1989년 엡스타인에 대한 제1투자자 레스 웩스너(Leslie Wexner)가 US $1,320만에 구입하여 완전히 개조한 곳으로, 웩스너가 결혼하여 아내와 함께 오하이오주 콜럼버스로 이주하여 가정을 꾸린 1995년에 이 저택으로 이사했다. 웩스너에게 $2천만을 지불한 뒤 이 저택을 완전히 소유했다. 2019년 연방 검찰은 이 저택의 가치를 US $7,700만으로 평가했으며, 뉴욕시 당국은 US $5,600만 으로 평가했다. 이 저택은 맨해튼에서 약 700평의 가장 넓은 개인 주택으로 알려져 있다. 계단 아래 숨겨진 공간에는 자체 폐쇄회로 텔레비전 화면과

〈뉴욕 맨해턴 저택 입구(Henderson Jim 촬영)〉

전화기가 설치된 납으로 된 욕실이 있으며, 둘 다 세면대 아래 캐비닛에 숨겨져 있다. 이 집에는 눈을 녹이는 난방 보도도 있다. 입구 홀에는 부상당한 군인들을 위해 영국에서 제작된 개별 액자에 담긴 인공 안구들이 줄지어 놓여 있다.

이 저택으로 이주 이전에는 이스트 69번가 34번지(34 East 69th Street) 넓은 저택에서 거주했고, 이후에는 임대했다.

2. 미국령 버진 아일랜드 섬

카리브해에 위치한 버진 아일랜드 군도는 미국령(USVI)과 영국령(BVI)으로 나뉘어져 있으나 정도의 차이는 있지만 비밀계좌의 익명성을 보장하는 대표적인 조세회피처(tax haven)로 엡스타인은 물론 트럼프도 이 조세회피처를 활용하여 적잖게 탈세한 것으로 추측된다. 미국령 버진 아일랜드는 3개의 큰 섬인 세인트존섬, 세인트크로이섬, 세인트토머스섬과 인근에 위치한 작은 섬들로 구성된다.

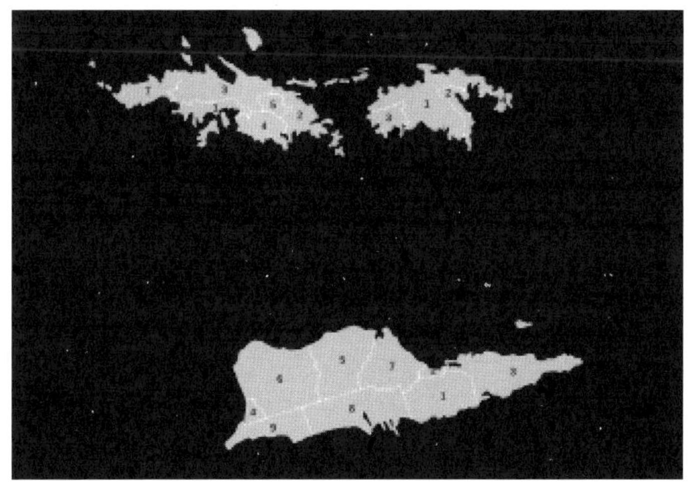

〈버진 아일랜드 군도의 위치〉

5. 엡스타인의 재산과 저택 및 기부

　　본래 리틀 세인트 제임스(Little Saint James) 섬은 미국령 버진아일랜드의 세인트 토머스(Saint Thomas) 섬 남동쪽에 위치한 약 70~78에이커(28~32헥타르, 약 10만평) 규모의 사유 섬으로, 1997년 벤처투자자 아치 커민((Arch Cummin)이 소유했으나 1998년 US $795만에 L.S.J. LLC가 매입했는데 이 회사의 유일한 회원이 엡스타인으로 1998년부터 2019년까지 소유하여 이 시기 섬은 '엡스타인 섬', '신의 섬', '페도필(Pedophile) 섬', '리틀 세인트 제프섬', '집단성관계(orgy)의 섬', '죄악(sin)의 섬' 등 다양한 별칭으로 불렸다. 곧 세인트 토머스 섬 남동쪽에 위치한 그레이트 세인트 제임스(Great Saint James) 섬의 남동쪽에 인접한 섬이다. 저택에는 2008년 기준 70명의 직원이 있었으며 엡스타인 사후 2022년 3월 US $1억 2500만 매물로 나와, 2023년 5월 억만장자 스티븐 데코프(Stephen Deckoff)는 그의 회사 SD 인베스트먼트(SD Investments)를 통해 그레이트 세인트 제임스 섬과 리틀 세인트 제임스 섬을 US $6천만에 인수했다고 발표했다.

　　엡스타인은 미국령 버진아일랜드에 모두 두 개의 섬을 소유했는데. 1998년에 구입한 미국령 버진아일랜드에 속한 세인트 토마스 섬 근처의 리틀 세인트 제임스(맨션과 게스트 하우스 포함) 섬과 2016년에 구입한 그 인접 섬인 그레이트 세인트 제임스섬(neighboring island of Great Saint James)이다.

〈엡스타인 소유 리틀 세인트 제임스섬(2013, Navin 75 촬영)〉

5. 엡스타인의 재산과 저택 및 기부

　　1997년 이 섬에는 본채와 게스트용 별채 3채, 관리인 숙소, 개인 해수담수화 시스템, 헬리패드, 부두가 있었다. 또한 원래는 황금 돔으로 덮여 있던 파란색 줄무늬의 상자 모양 건물도 있다. 이 건물의 용도는 불분명한데, 엡스타인의 건축가들이 2010년에 승인을 위해 제출했던 음악 전시장 계획과 상당한 차이를 보였기 때문이다. 원래 계획서에 있는 건물은 팔각형의 발자국 모양이었고 단면은 직사각형이었으며 바깥 벽에서 두 개의 측면 방이 뻗어 있었다. 또한 건물은 훨씬 낮았고 돔은 팔각형에서 측면 건물의 지붕까지 이어졌다. 결국 건설된 건물은 훨씬 높고 정육면체 모양이었으며 측면 방이 없었다. 돔도 정육면체의 범위 안에 있었고 건물은 제안된 벽 마감재를 적용하지 않았으며 그 계획서 에 있던 재료, 즉 돌로 지어지지 않았다.

　　데이비드 코퍼필드(마술사)는 1993년 클라우디아 시퍼를 만난 지 3개월 후 이곳 리틀 세인트 제임스 섬에서 청혼했다. 빅토리아 시크 릿 모델들은 엡스타인의 전 직원이 그곳에서 본 손님들 중 일부였으며, 억만장자 웩스너는 최소 한 번 섬을 방문했다. 앤드류 왕자는 엡스타인 의 개인 제트기를 타고 섬을 최소 한 번 방문 했지만 전 직원들은 그가 리틀 세인트 제임스 섬을 여러 번 방문했다고 말했다.

　　쥬프레는 엡스타인과 함께 여행 중 섬에서 빌 클린턴을 보았다 고 주장한다. 미국 비밀경호국 기록에 대한 미국 정보공개법 요청에서 빌 클린턴이 리틀 세인트 제임스 섬을 방문했을 수 있다는 증거는 발견 되지 않았다. 엡스타인의 비행 기록으로는 클린턴은 미국령 버진아일랜드 근처를 비행한 적이 없다. 2019년 7월 클린턴 대변인은 클린턴이 섬을 방문한 적이 없다는 성명을 발표했다. 전 바클리즈 회장인 제스 스테일리(Jes Staley)는 2015년에 이 섬을 방문했다.

엡스타인의 피해자들의 변호사들은 리틀 세인트 제임스 섬이 엡스타인 및 그와 함께 여행한 친구들에 의해 미성년자를 상대로 한 많은 범죄가 저질러진 곳이다. 법원 문서에는 당시 17세였던 쥬프레가 엡스타인에 의해 앤드류 왕자와 여러 차례 성관계를 갖도록 강요당했으며, 이곳 리틀 세인트 제임스 섬에서 열린 집단 성관계에 참여한 적도 있다고 주장한다. 버킹엄궁은 이러한 주장을 부인했고, 엡스타인의 변호사도 쥬프레의 집단 성관계 주장을 "오래되고 신뢰할 수 없는" 것이라고 묘사했다.

이른바 엡스타인 리스트라고 해서 로리타 탑승자 명단에서 유추하여 이 섬 방문자 리스트라고 떠돈 적이 있다. 특별히 명단 작성 필요가 없는 여타 저택 방문기록 등과 달리 의무적으로 작성해야 하는 항공기 탑승자 명단으로써 엡스타인 섬 방문자 명단을 작성한 것으로, 일단 공신력도 없고 리스트에 올랐다고 엡스타인 섬을 방문했다고 단정할 수도 없을 뿐 아니라 엡스타인 섬에서의 파티 등에 참석한 것은 더더욱 아니다.

Confirmed visitors to Epstein Island 12/21/23 @ShadowofEzra:

- Adam Perry Lang
- Akon
- Al Gore
- Alan Dershowitz
- Albert Pinto
- Alee Baldwin
- Allison Mack
- Alyssa Rogers
- Anderson Cooper
- Andrea Mitrovich
- Andres Pastrana
- Angelina Jolie
- Anthony Kiedis
- Anthony Weiner
- Barack Obama
- Ben Affleck
- Bernie Sanders
- Beyonce
- Bill Clinton
- Bill Gates
- Bob Saget (deceased)
- Bruce Willis
- Casey Wasserman
- Callum Hudson-Odoi
- Celine Dion
- Charles Barkley
- Charlie Sheen
- Charlize Theron
- Chelsea Handler
- Cher
- Chris Tucker
- Chris Wagner
- Chrissy Teigen
- Cyndi Lauper
- Claire Hazel
- Courteney Cox
- Courtney Love
- Demi Moore
- Dan Schneider
- David Koch
- David Spade
- David Yarovesky
- Dolores Zorreguieta
- Donovan Mitchell
- Doug Band
- Drew Barrymore
- Ed Buck
- Ed Tuttle
- Ehud Barak
- Ellen DeGeneres
- Ellen Spencer
- Eminem
- Emmy Tayler
- Fleur Perry Lang
- Francis X. Suarez
- Freya Wissing
- Gary Roxburgh (pilot)
- George Clooney
- Ghislaine Maxwell
- Glenn Dubin
- Greg Holbert (deceased)
- Gwen Stefani
- Gwendolyn Beck
- Hank Coller (pilot)
- Heather Mann
- Heidi Klum
- Henry Rosovsky
- Hillary Clinton
- James Franco
- James Gunn
- Jay-Z
- Jean-Luc Brunel (deceased)
- Jean-Michel Gathy
- Jeffrey Jones (deceased)
- Jim Carrey
- Jimmy Kimmel
- Joe Biden
- Joe Pagano
- John Cusack
- John Legend
- John Podesta
- John Travolta
- Joy Behar
- Juan Pablo Molyneux
- Juliette Bryant
- Justin Roiland
- Justin Trudeau
- Kathy Griffin
- Katy Perry
- Kelly Spam
- Kevin Spacey
- Kirsten Gillibrand
- Kristy Rogers (deceased)
- Lady Gaga
- Larry Summers
- Larry Visoski (pilot)
- Laura Z. Wasserman
- Lawrence M. Krauss
- Linda Pinto
- Lisa Summers
- Lynn Forester de Rothchild
- Madonna
- Mandy Ellison (assistant)
- Mare Collins-Rector
- Marina Abramovic
- Mark Epstein
- Mark Lloyd
- Melinda Luntz
- Meryl Streep
- Michelle Obama
- Michelle Wolf
- Mikel Arteta
- Miley Cyrus
- Nadine Dorries
- Naomi Campbell
- Naomi Watts
- Natalie Blachon de Perrier
- Nicole Junkermann
- Olga Kurylenko
- Oliver Sacks
- Oprah
- Orlando Bloom
- Paris Hilton
- Patton Oswalt
- Paul Mellon
- Paula Epstein (deceased)
- Paula Hala
- Peter P. Marino
- Pharrell Williams
- Prince Andrew
- Prince Charles
- Quentin Tarantino
- Rachel Maddow
- Rainn Wilson
- Ralph Ellison
- Ray Barzana (pilot)
- Ricardo Legorreta Vilchis
- Rihanna
- Rita Wilson
- Rob Reiner
- Robert DeNiro
- Robert Downey Jr.
- Rodney E. Slater
- Ronald Burkle
- Rudy Gobert
- Sander Burger
- Sarah Kellen (assistant)
- Sarah Silverman
- Seth Green
- Shelley Harrison
- Shelley Lewis
- Sophie Biddle-Hakim
- Sophie Trudeau
- Stephen Collins
- Stephen Colbert
- Steven Spielberg
- Steven Tyler
- Svetlana Glazunova
- Teala Davies
- Tiffany Gramza
- Tom Hanks
- Tom Pritzker
- Tyler Grasham (deceased)
- Victor Salva
- Wanda Sykes
- Whoopi Goldberg

〈엡스타인 리스트(로리타 탑승자 비공식 명단 기준)〉

3. 플로리다주 남부 지역 저택

엡스타인은 1990년에 구입한 플로리다 팜비치의 El Brillo Way 358번지에 14,000제곱피트, 6개 침실이 있는 주택을 소유했다. 이 저택은 Mar-a-Lago에서 북쪽으로 2마일 떨어져 있으며 2021년에 철거하고 그 주소를 변경한 부동산 개발업체에 $1,850만에 매각되었다.

2006년 팜비치의 플로리다주 검사였던 크리셔(Barry Krischer)

가 경찰 수사에서 엡스타인에 대한 진술서에 서명한 17명의 소녀를 발견한 후 엡스타인을 가볍게 처리했지만 주 대배심(Grand Jury)은 그를 매춘 혐의로 기소했다. 이후 연방 검사 아코스타가 개입한 후 NPA에 따라 연방검찰에 의해 기소가 면제되었고 엡스타인은 18세 미만자를 매춘에 알선한 혐의로 유죄를 인정하여 당일 석방되었다.

4. 뉴멕시코주 조로 목장

엡스타인은 1993년에 렉스너로부터 받은 돈 약 $1,200만에 뉴멕시코주 스탠리(Stanley) 근처 Zorro Ranch라는 7,500에이커(30km2) 규모의 목장을 전 뉴멕시코 주지사 브루스 킹(Bruce King)으로부터 매입하여, 나중에 Cypress, Inc.로 이름이 바뀐 Zorro Trust라는 허울 회사를 통해 부지를 관리했다. 조로 랜치(Zorro Ranch)는 뉴멕시코주 산타페(Santa Fe)에서 남동쪽으로 약 30마일(약 48km) 떨어져 있다. 엡스타인이 1990년대부터 2019년 사망할 때까지 이 목장을 소유하여 미성년자를 대상으로 성범죄를 저질렀다는 혐의를 받고 있다. 미상 금액으로 인수한 현재 소유주들이 목장의 이름을 랜초 드 산 라파엘(Rancho de San Rafael) 또는 산 라파엘 랜치(San Rafael Ranch)로 변경한 상태다.

뉴멕시코주 중부의 고지대 사막 지대에 위치해 있으며, 약 10,000에이커의 부지에 대형 주거 공간과 게스트 하우스, 수영장, 소방서, 사무실, 통나무집 등 다양한 건물이 있다. 흔히 넓은 아시엔다 스타일(hacienda-style)의 저택으로 묘사되는 본관은 대규모 모임을 수용할 수 있도록 설계되었고, 랜치 부지에는 활주로, 골동품 철도 차량 및 기차 선로가 있다.

이 목장은 미성년자 성적 학대와 성매매 장소로 사용되었다는 혐의를 받았다. 마리 파머(Marie Farmer)의 여동생인 애니(Annie) 파머는 1996년 초에 엡스타인과 맥스웰에게 이곳 목장에서 성적 학대를 당했다고 주장했다. 엡스타인이 2008년 플로리다에서 성범죄로 처음 유죄 판결을 받고 형기가 끝난 후 뉴멕시코에서는 특혜를 받아 성범죄자로 등록할 필요가 없었기 때문에 뉴멕시코주는 그에게 계속 일부 토지를 임대했다.

목장은 뉴질랜드 출신 부부가 관리했는데 지역 스트리퍼에 따르면 엡스타인이 섹스 파티를 열었고 지역 쇼걸들을 고용하기도 했다. 1년에 몇 차례는 목장에서 대규모 파티가 열렸는데, 이후 관리인 부부는 생명의 위협을 느껴 잠적했다. 엡스타인은 이곳 목장에서 저명한 손님을 접대했는데, 엡스타인의 가정부 중 한 명에 따르면 앤드류 왕자는 2001년에 3일 동안 목장을 방문했다. 전 연방의원이자 뉴멕시코 주지사인 빌 리처드슨도 방문객 중 한 명이었고 우디 앨런과 그 부인 순이 프레빈도 방문했다. 뉴욕 타임스에 따르면 엡스타인은 이곳 "뉴멕시코 목장에서 여성을 임신시켜 인류에게 자신의 DNA를 심어줄 계획"이었다.

5. 오하이오 남부 저택

엡스타인은 1992년부터 1998년까지 오하이오주 콜럼버스 웩스너의 집 외곽의 East Dublin Granville Road 5025번지에 있는 저택을 소유했다. 그곳에서 그와 맥스웰은 경비원 때문에 갖힌 마리 파머(Marie Farmer)를 성추행했지만, 재판 전에 엡스타인 유산법인과 합의에 서명했기 때문에 그 주장은 법정에서 검증되지 않았고 결국 그녀는 불법 구금된 지 12시간 만에 아버지에 의해 구출되었다.

6. 프랑스 아파트

엡스타인은 파리의 22 Avenue Foch에 있는 Arc de Triomphe 근처에 7개의 아파트 단지를 소유하고 있었다.

7. 사무실

엡스타인은 빌라드 하우스의 457 매디슨 애비뉴(Villard House at 457 Madison Avenue)에 사무실을 임차했다. 스티븐 호펜버그(Steven Hoffenberg)가 1987년 타워 파이낸셜에 컨설팅을 제공할 때 엡스타인을 위해 이 사무실을 처음 마련해서 2003년까지 이 사무실을 사용했다. 이 무렵 과거 랜덤하우스의 다른 사무실도 사용했다.

엡스타인은 1990년대부터 301 이스트 66번가에서 직원, 모델, 손님을 위해 여러 아파트 유닛을 임차했다. 이 주소에 있는 아파트 단지의 대부분은 제프리 엡스타인의 동생 마크(Mark)가 소유한 오사 프로퍼티즈(Ossa properties)가 소유하고 있으며, 마크는 1990년대 초 웩스너로부터 이 단지를 구입했다. 수년 동안 엡스타인은 11 이스트 71번가에 그의 전 여자친구 에바 안데르손(이후 그의 헤지펀드 친구 글렌 더빈과 결혼), MC2 모델스 설립자 장-뤽 브루넬, 그리고 때로는 전 이스라엘 총리 에후드 바라크를 포함한 다양한 친구들을 초청했다. 그는 자신의 Lolita 조종사, 가사도우미 및 사무직 직원을 포함한 일부 직원들을 아파트 단지에 초청했다. 엡스타인은 또한 브루넬이 자신의 MC2 모델링 에이전시를 위해 스카우트한 미성년 소녀들을 숙박시키기도 했다. 2012년 8월 6일 MC2와 연관된 모델 겸 파티 프로모터인 페드로 가스파르(Pedro Gaspar)는 맨해튼에 있는 다른 모델링 에이전시 지점 위에 의심스러운 약물 과다 복용이라고 생각하는 원인으로 사망했다.

8. 로리타 익스프레스

로리타 익스프레스(The Lolita Express)는 엡스타인이 소유했던 보잉 727-100 항공기에 붙은 별명이다. 맥스웰이 주최한 미성년자 소녀들의 성매매 파티가 이 항공기 내에서 열렸다는 혐의가 제기된 바 있다.

이 항공기는 보잉 727-100 기종으로 N908JE편으로 등록되었다. 엡스타인은 이 비행기 외에도 걸프스트림(Gulfstream) 제트기, 쌍발 엔진 세스나(Cessna) 421 및 개인 헬리콥터를 소유했다. 이 비행기에는 엡스타인이 탑승 중에 작업할 수 있도록 블룸버그 터미널(Blumberg Terminal)이 설치되었다. 이 제트기는 미성년 소녀들을 자주 싣고오기 때문에 버진 아일랜드 지역 주민들에게 '로리타 익스프레스'라는 별명이 붙었다.

Lolita라는 이름은 블라디미르 나보코프(Vladimir Nabokov)가 1955년에 쓴 소설에서 따왔다는 주장도 있는데, 소설 속 12살 소녀 로리타는 중년의 의붓아버지 험버트 험버트(Humbert-Humbert)에게 강간과 성적 폭행을 당한다. 또 다른 의견은 1919년 맥컬리(Johnston McCulley)의 소설 '카피스트라노의 저주(The Curse of Capistrano) 원작 영화 '조로의 흔적(The Mark of Zorro)'에서 나오는 주인공 조로의 연인 이름 Lolita Pulido에서 따왔다는 것이다. 뉴멕시코주 목장 이름 '조로(The Zorro Ranch)'와 연관시키면 후자 의견이 더 타당한 것 같지만, 어딘가에 게시되었던 로리타 그림으로 볼 때는 나보코프 소설에서 따왔을 가능성이 더 높아 보인다.

엡스타인은 이 비행기가 연간 600시간의 비행을 기록했으며 대개 다른 승객과 동승했다고 말했다. 2002년 엡스타인은 비행기를 타고 독일로 일주일 동안 "다양한 정부 관리 및 금융 관계자들과 회의"한 후 브라질로 여행했다. 이 비행기는 2017 매각되어 파쇄되었다. 2017년에 녹음된 작가 마이클 울프(Michael Wolfe)와의 대화에서 엡스타인은 트럼프와 그의 세 번째 부인 멜라니아 트럼프가 항공기에서 처음으로 성관계를 가졌다고 주장했다. 공범으로 지목되어 2024년 실종된 나디아 마르친코(Nadia Marcinko)는 엡스타인과 함께 항공기에 정기적으로 탑승한 조종사였다.

비행기록에는 2002년 아시아 여행에서 최소 5회 비행에 대한 시크릿 서비스 세부정보가 나열되지 않았으며 시크릿 서비스는 클린턴이 엡스타인의 개인 섬을 방문했다는 증거가 없다고 밝혔지만 2019년 클린턴의 대변인은 클린턴이 2002년과 2003년에 엡스타인의 비행기를 타고 4회 여행을 하여 3개 대륙에 들렀으며 모두 직원과 시크릿 서비스 세부사항과 함께였다고 밝혔다. 그 외 이 항공기에 탑승한 다른 유명 승객으로는 사업가 버클(Ron Burkle), 모델 캠벨(Naomi Campbell), 변호사 더쇼비츠(Alan Dershowitz), 전 미국 재무부 장관 서머스(Larry Summers)가 있다

5.3 엡스타인의 정치 기부

2002년 엡스타인은 "나는 사람에게 투자한다, 정치든 과학이든. 그게 내가 하는 일이다"라고 말했다. 1989년부터 2003년까지 엡스타인은 미국 민주당 연방후보와 위원회에 US $139,000이상을 기부했고 공

화당 후보와 단체에도 US $18,000 이상을 기부했다. 엡스타인은 2002년 빌 리처드슨의 뉴멕시코 주지사 당선 캠페인에 US $50,000을 기부했고, 2006년 재선 캠페인에도 다시 기부했다. 같은 해 게리 킹(Gary King)의 뉴멕시코주 법무장관 당선 캠페인에 US $15,000을 기부했고, 나중에 2014년 킹의 실패한 주지사 캠페인에도 US $35,000을 기부했다. 뉴멕시코에서의 다른 기부금으로는 짐 바카(Jim Baca)의 토지위원회장 캠페인에 US $10,000, 산타페군(Santa Fe County) 보안관 짐 솔라노(Jim Solano)의 재선 입찰에 US $2,000이 포함된다. 2010년 엡스타인은 이러한 공로로 뉴멕시코 공공안전국으로부터 "당신은 뉴멕시코주에는 (성범죄자로) 등록할 필요가 없다"는 통지까지 받았다. 이는 플로리다에서의 유죄판결로 인해 뉴멕시코주에도 등록해야 한다는 연방법 위반이었다.

5.4 엡스타인의 자선 활동

엡스타인은 수년에 걸쳐 다양한 목적을 위해 하버드대학교에 수백만 달러를 기부했다. 1991년 하버드대학교의 힐렐 학생 건물인 로소프스키 홀(Rosovsky Hal)에 US $200만을 모금하기로 약속한 네 명의 기부자 중 한 명이었다. 1990년대에 백악관역사협회(White House Historical Association)에 US $10,000을 기부했다. 2000년 과학연구 및 교육에 자금을 지원하는 제프리 엡스타인 VI 재단(Jeffrey Epstein VI Foundation)을 설립했고, 2003년 이전에는 이 재단이 프린스턴(뉴저지주)의 고등연구소(Institute for Advanced Study)에 있는 마틴 노왁(Martin Nowak)의 연구에 자금을 지원했다. 2003년 5월 마틴 노왁이 운영하는 하버드수학생물학 및 진화역학 프로그램을 만들기 위해 총 US $3천만의 기부를 약속했다. 보스턴 글로브에 따르면 이중 엡스타인으로부터 실제로 받은 금액은 US $650만이었다. 2019년 포브스는 2013년 엡스타인을 "최첨단 과학의 가장 큰 후원자 중 한 명"이라고 불렀던 기사를 삭제했다. 이는 뉴욕타임스가 이 기사의 저자인 드루 헨드릭스(Drew Hendricks)가 자신의 이름으로 거짓으로 제출하도록 600달러를 받았다고 폭로한 후였다.

변호사 제럴드 B. 레프코트(Gerald B. Lefcourt)에 따르면 엡스타인은 "클린턴 글로벌 이니셔티브를 구상한 원래 그룹의 일원"이었으며, 2006년에는 클린턴재단(Clinton Foundation)에 US $25,000을 기부했다. 환영술사이자 회의론자인 알 세켈(Al Seckel)과 함께 주최한 마인드쉬프트 컨퍼런스(Mindshift Conference)라는 과학행사는 2010년 엡스타인의 개인 섬 리틀 세인트 제임스에서 열렸다. 엡스타인의 기부금 총액은 알려져 있지 않다. '제프리 엡스타인 VI 재단'은 다른 자선단체들이 일상적으로 공개하는 정보를 공개하지 않아서 투명성 부족에 대한 우려가 제기되었다. 2015년 뉴욕주 법무장관은 정보를 얻으려고 시도했지만 자선단체가 주 외에 기반을 두고 뉴욕주에서 모금하지 않았기 때문에 거부 당했다고 보고되었다.

엡스타인은 제프리 엡스타인 VI 재단을 통한 기부 외에도 그의 세 가지 개인 자선단체인 엡스타인 이해(Epstein Interest), COUQ 재단, 그래티튜드 아메리칸 리미티드(Gratitude American Ltd.)를 통해 여러 자선기부를 했다. 연방 세금신고서에 따르면 엡스타인은 1998년부터 2018년까지 이 세 자선단체를 통해 US $3천만을 기부했다. 그의 사망 이후 하버드대학교와 매사추세츠공과대학교(MIT)를 포함한 여러 과학자들과 기관들이 엡스타인과 그의 재단으로부터 돈을 받은 것에 대해 비판을 받았고, 일부 개인들은 엡스타인이 기부한 돈을 돌려주겠다고 제안했다.

5.5 엡스타인의 우생학 및 트랜스휴머니즘에 대한 관심

여러 출처에 따르면 2000년대 초반부터 엡스타인은 자신의 정자를 사용하는 것을 포함하여 유전공학과 인공지능을 통해 인류를 "개선(improving)"하는 데 큰 관심을 보였다. 그는 다양한 행사와 자리에서 과학계에 연설하며 우생학에 대한 자신의 관심을 알렸다. 2019년 8월에는 자신의 뉴멕시코 단지를 "베이비 랜치"로 사용하여 한 번에 20명까지 여성에게 임신시켜 자신의 DNA로 인류를 "번식(seed the human race)"시킬 계획을 세웠다고 보도되었다. 그는 인체 냉동보존과 자신만의 독특한 형태의 트랜스휴머니즘을 지지했으며 자신의 음경과 머리를 냉동보존할 의도라고 말했다.

펜실베이니아대학교 아넨버그 공공정책센터(Annenberg Public Policy Center) 소장인 캐슬린 홀 재미슨(Kathleen Hall Jamieson)은 "과학자들은 중요한 연구를 위해 자금이 필요하다... 만약 자금이 합법적인 과학연구를 위한 것이라면, 억만장자로부터 지원을 받는 것은 전혀 문제가 되지 않는다. 그러나 만약 과학자들이 그가 그들과의 연관성으로부터 정당성을 얻을 수 있는 우생학 실험을 계획하고 있다는 것을 알고 있었다면, 그의 자금을 받는 것은 잘못된 일이었을 것이다"라고 말했다. 조지 처치(George Church) 교수 또한 13개월 형을 받은 후 엡스타인을 만난 것에 대해 공개적으로 사과하며 이렇게 말했다. "우리가 이걸 해야 할까, 이 사람을 도와야 할까에 대해 더 많은 대화가 있었어야 했다. 그저 많은 괴짜들이 터널 시야에 갇혀 있었다."

6. 엡스타인의 사망과 그 이후

6.1 엡스타인의 사망

엡스타인은 뉴욕 메트로폴리탄 교정 센터에 구금되어 성매매 혐의로 재판을 기다리고 있었다.

자살 이전 2019년 7월 23일 엡스타인은 오전 1시 30분 경 감방 바닥에서 목에 자국이 있는 반의식 상태로 발견되었다. 그의 감방 동료인 전 뉴욕시 경찰관 니콜라스 타르타글리오네(Nicholas Tartaglione)는 당시 4건의 살인 혐의로 재판을 기다리고 있었는데, 엡스타인의 상태에 대해 무슨 일이 있었는지 전혀 모른다고 부인했다. 교도관들은 자살소동을 의심했지만 위장되었거나 다른 재소자에게 폭행당했을 가능성도 배제하지 않았다. NBC 뉴스에 따르면 두 소식통은 엡스타인이 목을 매달아 자살시도를 했을 가능성이 있다고 말했고, 세 번째 소식통은 부상이 심각하지 않아 위장되었을 수 있다고 했다. 네 번째 소식통은 감방동료에 의한 폭행 가능성도 있다고 했다. 그 사건 이후 자살감시 대상이 된 뒤 6일 후인 2019년 7월 29일 자살 감시 대상에서 해제되어 다른 수감자와 함께 특별수용 시설로 옮겨졌는데, 엡스타인의 가까운 지인들은 그가 "기분이 좋았다"고 말했다.

엡스타인이 특별수용 시설에 배치되었을 때 교도소는 법무부에 그가 감방동료와 함께 지낼 것이며 교도관이 30분마다 감방을 확인할 것이라고 보고했지만 이러한 절차는 그가 사망한 당일 밤에는 지켜지지 않았다. 2019년 8월 9일 엡스타인의 감방동료가 다른 곳으로 이송되었고 아무도 그의 자리를 채우지 않았다. 그날 저녁 늦게 교도소의 정상적인 절차와 달리 엡스타인은 30분마다 점검받지도 않았고 그의 감방을 확인해야 할 두 명의 교도관은 잠들어 약 3시간 동안 그를 확인하지 않았다. 교도관들은 이후 관련 기록을 위조해 처벌받은 후 사면되었고, 엡스타인의 감방 앞의 두 대의 카메라도 그날 밤 고장났다.

엡스타인은 2019년 8월 10일 EDT 오전 6시 30분 뉴욕 메트로폴리탄 교정 센터(MCC)의 감방에서 사망한 채 발견되었다. 교정국은 엡스타인의 시신 발견 즉시 생명유지 조치를 시작했고 응급구조대가 호출되어 병원으로 옮겨졌다. 2019년 8월 10일 연방 교정국과 미국 법무장관 윌리엄 바(William Barr)는 최종결론 이전 사망원인을 명백한 자살로 미리 발표했다. 2023년 6월 27일 공개된 미국 법무부 감찰관실의 조사보고서는 엡스타인의 구금 및 사망과 관련하여 교도소 관리들의 반복적인 "과실과 위법 행위, 그리고 명백한 업무 수행 소홀"을 비판했지만 자살 외의 다른 것은 없다고 주장했다. 2025년 5월 연방수사국은 엡스

타인의 사망 당일 밤의 감시영상을 공개할 계획을 발표하면서 계속되는
음모론을 해소하려 했다. 댄 봉기노(Dan Bongino) FBI 부국장은 영상
에서 엡스타인이 감방에 혼자 있는 것이 명확하며 외부 개입의 증거는
없다고 밝히면서 공식적인 자살판정을 재확인했다.

〈엡스타인 사망직후의 현장(US DOJ 자료)〉

6.2 엡스타인의 부검

2019년 8월 11일 부검이 실시 되었다. 엡스타인이 감방의 위층
침대에서 격렬하게 뛰어내렸을 가능성이 높아 보였는데, 이는 목 졸림

외에 입은 손상을 설명할 수 있는 것으로 보였다. 부검의 예비결과 엡스타인의 목뼈에 여러 골절이 발견되었고 목에서 부러진 뼈 중에는 목뿔뼈도 있었다. 이러한 목뿔뼈 골절은 상당한 높이에서 목을 매단 사람(예: 의자에서 밧줄로 뛰어내리는 경우)에게서 발생할 수 있지만, 살인에 의한 목 졸림 피해자에게서 더 흔하게 나타난다. 2010년 연구에 따르면 목맴 사례의 25%에서 부러진 목뿔뼈가 발견되었다. 2010년부터 2016년까지 진행된 더 큰 연구에서는 목맴 사례 264건 중 16건(6%)에서만 목뿔뼈 손상이 발견되었다. 목뿔뼈 골절은 뼈가 더 부서지기 쉬워지면서 나이가 들수록 더 흔해진다. 법의학 병리학자 시릴 웩트(Forensic pathologist Cyril Wech)는 앞으로 몸을 기울여 목을 매는 것은 경추골절을 초래하지 않는다고 말했다.

2019년 8월 16일 뉴욕시 검시관 바바라 샘슨(Barbara Sampson)은 엡스타인의 사망원인을 목맴으로 인한 자살로 판정했다. 엡스타인의 변호인단은 검시관이 결론에 도달하는 데 도움이 되도록 단 하나의 보안카메라 영상 중 9분만을 보았다. 엡스타인의 변호사들은 검시관의 결론에 만족하지 못해 사망원인에 대한 독립적인 조사를 진행하고 있었다. 여기에는 필요한 경우 법적 조치를 통해 사망 당일 밤 그의 감방 근처의 핵심 카메라 영상을 확인하는 것도 포함된다. 엡스타인의 변호사들은 엡스타인의 사망에 관한 증거가 자살보다는 살인과 "훨씬 더 일치한다"고 말했다. 엡스타인 유산법인(Epstein Estate) 측에서 고용한 독립 병리학자 마이클 베이든(Michael Baden)이 부검을 참관했는데 2019

년 10월 베이든은 엡스타인이 목뼈 골절을 포함한 여러 부상을 입었으며, 이러한 부상은 "자살성 목맴에서는 극히 이례적이며 살인성 목 졸림에서 훨씬 더 흔하게 발생할 수 있다"고 말했다. 베이든은 증거가 자살보다는 살인에 가깝다고 생각한다고 진술했다.

〈자살음모설 낙서(2019, GLowery 촬영)〉

6.3 엡스타인의 마지막 유언

사망 이틀 전인 2019년 8월 8일에 유언장을 작성했다는 보도가
엡스타인이 감방에서 부상을 입은 채 발견된 지 2주 후인 2019년 8월
18일에 나왔다. 이때까지 엡스타인은 공격을 피하기 위해 다른 수감자
들의 매점계좌에 돈을 예치하고 있었다. 유언장 작성에는 그를 아는 두
명의 변호사가 증인으로 참여했다. 유언장은 두 명의 오랜 직원을 집행
인으로 지명했으며, 그의 모든 자산과 유산에 남아있는 모든 자산을 즉
시 신탁으로 증여했다.

자살 이틀 전 유언장에 서명해 US $5억7700만(7천억원)이 넘는
자산을 신탁기금에 넣었다. 이로인해 고소인들에 대한 피해보상이 더
어려워졌다. 엡스타인의 출생연도에서 이름을 딴 '1953년 신탁'과 유언
장은 즉각 의혹을 일으켰다. 20페이지 분량의 문서에 기재된 자산은 US
$5천600만이 넘는 현금과 뉴욕, 플로리다, 파리, 뉴멕시코, 버진 아일랜
드의 부동산과 차량, 항공기, 보트 등 US $1850만, 그리고 미술품 및 수
집품 등이다. 엡스타인의 변호사와 교도관들이 사망 직전 자살을 시도
했던 엡스타인을 새로운 유서에 서명하도록 허용한 것은 "엄청난 태만",
처음 자살 시도한 지 몇 주 후, 그리고 삶을 마감하기 며칠 전 유언장을
바꾼 것은 그의 정신력에 의문을 제기할 수밖에 없다.

6.4 엡스타인의 매장

부검 후 엡스타인의 시신은 그의 동생 마크(Mark Epstein)가 인수했다. 2019년 9월 5일 엡스타인의 시신은 플로리다주 팜비치에 있는 I.J. 모리스 다윗의 별 묘지(I.J. Morris Star of David Cemetery)에 있는 그의 부모의 묘지 옆에 비문 없이 매장되었다. 그의 부모의 이름도 훼손 방지를 위해 묘비에서 제거되었다.

6.5 엡스타인 사망건의 수사

윌리엄 바 법무장관은 엡스타인의 연방 구금 중 사망에 "경악했다"며 사망사건에 대해 연방수사국 수사 외에 법무부 감찰관의 수사를 명령했다. 이틀 후 바는 교도소의 엡스타인 처리과정에서 "심각한 불규칙성"이 있었다고 말하며, "무슨 일이 일어났는지 철저히 파헤쳐 책임을 물을 것"이라고 약속했다. 2019년 8월 14일 엡스타인의 형사사건을 감독하던 맨해튼 연방법원 판사 리처드 M. 버먼(Richard M. Berman)은 메트로폴리탄 교정센터 소장 라민 엔디아예(Lamine N'Diaye)에게 엡스타인의 명백한 자살에 대한 조사가 그의 이전(7월 23일) 자살시도에 대한 조사를 포함할 것인지에 대해 문의하는 서한을 보냈다. 버먼 판사는 자신의 지식으로는 그 사건에 대해 무엇이 결론 내려졌는지 확실히 설명된 적이 없다고 썼다.

2025년 7월에 공개된 CCTV 영상에는 엡스타인이 수감되었던 메트로폴리탄 교도소 내 공용 공간 일부가 담겨 있다. 영상에는 1분이 누락되어 있으며, 시계가 11시 58분 58초에서 12시 00분 00초로 이동한다.

교정소 지역 C-33 협의회의 전국회장 E. O. 영(E. O. Young)은 교정소는 "자살을 고집하는 사람을 결코 막을 수는 없다"고 말했다. 2010년부터 2016년까지 연방구금자 중 약 124명의 수감자가 자살했으며, 이는 전체 수감자 18만 명 중 연간 약 20명에 해당한다. 맨해튼 MCC 시설에서 이전에 보고된 수감자 자살은 1998년이었다. 영 노조 지도자는 엡스타인의 목맴 영상이나 교도소 관계자들의 직접적인 관찰여부는 불분명하다고 말했다. 그는 시설 내에 카메라가 어디에나 있지만 수감자 감방 내부는 카메라 범위에 들지 않는다고 생각한다고 말했다. 영은 노조관계자들이 트럼프 행정부가 연방 교정국(BOP)에 채용을 동결하고 예산을 삭감했기 때문에 인력 문제에 대해 오랫동안 우려를 제기해왔으며, "이 모든 것은 행정부 때문에 발생 했다"고 덧붙였다.

미국 정부 직원연맹 지방 3148 지부장 세렌 그레그(Serene Gregg)는 MCC가 필요한 교정관의 70% 미만으로 운영되고 있으며, 이로 인해 많은 인력이 강제 초과근무와 주당 60~70시간의 근무를 해야 한다고 말했다. 이전 의회 증언에서 윌리엄 바 법무장관은 BOP가 약 4,000~5,000명의 직원이 "부족하다"고 인정했다. 그는 채용동결을 해제하고 퇴사한 직원을 대체할 충분한 신규직원을 채용하기 위해 노력하고 있었다.

엡스타인의 변호인단은 버먼 판사에게 의뢰인의 사망을 조사해 달라고 요청했으며, 사망원인이 자살보다는 "폭행과 훨씬 더 일치한다"
는 증거를 제공할 수 있다고 주장했다. 최종 유언장을 서명한 지 일주일
후 엡스타인의 감방 외부 복도에 있는 적어도 하나의 카메라 영상이 사
용 불가능하다는 보고가 있었지만, 다른 사용 가능한 영상은 해당 구역
에서 작동되었다. 엡스타인의 감방 앞의 고장난 두 대의 카메라는 조사
를 위해 FBI 범죄연구소로 보내졌다. 연방 검찰은 엡스타인의 사망원인
과 관련하여 최대 20명의 교정관에게 소환장을 발부했다.

　　2019년 11월 19일 뉴욕 메트로폴리탄 교정센터 교도관 마이클
토마스(Michael Thomas)와 토바 노엘(Tova Noel)은 검찰이 입수한 비
디오 영상에서 센터의 규정위반으로 엡스타인이 사망하기 8시간 전에
감방에서 확인되지 않은 상태로 있었다는 사실이 드러난 후 허위기록
작성 및 공모혐의로 기소되었다. 2021년 5월 22일 두 교도관은 기록을
위조했음을 인정했지만 연방 검찰과의 합의에 따라 형이 면제되었다.
기소유예 합의의 일환으로 5월 25일 두 교도관은 모두 기록 위조와 미
국 정부를 속이려 공모한 혐의를 인정했다. 그들은 6개월의 감독관 석
방과 100시간의 사회봉사 명령처분을 받았다. 2023년 12월 19일 뉴욕
판사 로레타 프레스카(Loretta Preska)는 170명 이상의 엡스타인 지인
명단을 2024년 1월 1일에 공개할 것을 명령했다. 명단에 있는 모든 사
람은 1월 1일까지 자신의 이름이 삭제되도록 항소할 수 있었다.

　　2025년 2월 트럼프 행정부 법무장관 팸 본디는 제프리 엡스타인
의 고객 명단이 검토를 위해 "자신의 책상 위에 있다"고 밝혔다. 그리고

6월에는 일론 머스크가 트럼프 대통령 자신이 엡스타인 파일에 있다고 주장했다. 그러나 7월에 법무부와 FBI는 고객명단은 없으며, 엡스타인이 누구도 협박했다는 증거가 없고, 엡스타인이 자살했으며, 엡스타인 감방 외부의 방해받지 않은 영상을 공개했다고 발표했다. 이 영상은 독립적으로 검증될 수 없었다. 얼마 지나지 않아 영상에서 1분 정도가 빠진 것이 발견되었다. 시계가 11:58:58에서 12:00:00으로 건너뛴 것이다

6.6 엡스타인 사망의 파장

엡스타인의 죽음은 광범위한 논란과 논쟁의 대상이 되었으며, 그의 죽음이 살인이라는 믿음은 인기 있는 인터넷 밈이 되었다. HBO(Home Box Office)는 애덤 매케이(Adam McKay)가 감독하고 총괄 프로듀싱하는 엡스타인의 삶과 죽음에 대한 한정 시리즈를 제작하고 있다. 소니 픽처스 텔레비전도 엡스타인의 삶을 바탕으로 한 미니시리즈를 개발 중이다. CBS 시리즈 굿 파이트(The Good Fight) 시즌 4 피날레에서는 엡스타인의 죽음을 중심으로 이야기가 전개된다. 넷플릭스의 다큐멘터리 시리즈 제프리 엡스타인: 더러운 부자(Jeffrey Epstein: Filthy Rich)는 2020년 5월에 공개되었다. 라이프타임 다큐멘터리 제프리 엡스타인으로부터 살아남기(Surviving Jeffrey Epstein)는 2020년 8월에 공개되었다.

2020년 7월 1일 앨버커키(Albuquerque, New Mexico) 시청 밖에 엡스타인 동상이 놓여졌는데, 이는 남부 기념물 및 기념관 철거 반대에 대한 풍자적 논평으로 해석된다. 2020년 코미디 모큐멘터리 보랏 속편(comedy mockumentary Borat Subsequent Moviefilm)에서 1992년 마러라고 파티에서 트럼프와 엡스타인이 이야기하는 영상이 등장한다. 이 영상은 보랏이 자신의 십대 딸을 트럼프 측근에게 선물하도록 영감을 준 것으로 그려진다 (보랏은 마이크 펜스를, 나중에는 루돌프 줄리아니를 선택한다). 영화 후반부에는 보랏의 자녀 중 한 명이 제프리 엡스타인으로 이름을 바꾸기도 한다.

❧ ❧

7. 엡스타인에 대한 소송 건

형사사건 목록(2건)	첫 번째 형사 사건(2005-2011) 두 번째 형사 사건(2019)
민사소송 목록(22건)	Jane Doe v. Epstein (2008) Victims' rights: Jane Does v. United States (2014) Virginia Giuffre v. Epstein (2015) Virginia Giuffre v. Ghislaine Maxwell (2015) Jane Doe v. Epstein and Trump (2016) Sarah Ransome v. Epstein and Maxwell (2017) Bradley Edwards' defamation v. Epstein (2018) Maria Farmer v. Epstein and Maxwell (2019) Jennifer Araoz v. Epstein and Maxwell (2019) Katlyn Doe, et al. v. Epstein's estate (2019) Jane Doe v. Epstein's estate (2019) Teresa Helm, et al. v. Epstein's estate (2019) Jane Doe 15 v. Epstein's estate (2019) Teala Davies v. Epstein's estate (2019) Jane Does 1-9 v. Epstein's estate (2019) JJ Doe v. Epstein's estate (2019) US Virgin Islands v. Epstein's estate, et al. (2020) Jane Doe v. Maxwell and Epstein's estate (2020) Jane Does v. Epstein estate (2020) Jane Doe v. Epstein estate (2020) Jane Doe v. Epstein estate (2021) Government of the United States Virgin Islands v. JP Morgan Chase Bank, N.A. (2022)

7.1 엡스타인의 첫 번째 형사 사건(2005-2011)

●초기 진행 상황(2005-2006)

2005년 3월 한 여성이 플로리다 팜비치 경찰서에 연락하여 14세 의붓딸이 나이 많은 소녀에 의해 엡스타인의 맨션으로 끌려갔다고 주장했다. 그곳에서 소녀는 엡스타인을 위해 옷을 벗고 마사지를 해주는 대가로 US $300(2024년 기준 $400에 해당)를 받고 속옷만 입은 채로 그 자리를 떠났다고 했다. 팜비치 경찰은 엡스타인의 자택 수색을 포함한 13개월간의 위장 조사를 시작해 경찰서장 마이클 레이터(Michael Reiter)는 팜비치 카운티의 플로리다주 검사 배리 크리셔(Barry Krischer)가 너무 관대하다고 공개적으로 비난하며 연방수사국에 지원을 요청했다.

그 후 FBI가 개입하여 엡스타인이 여러 소녀들에게 성행위를 대가로 돈을 지불했다고 주장했다. 다섯 명의 피해자와 열일곱 명의 증인에 대한 선서 증언, 고등학교 성적표, 그리고 엡스타인의 쓰레기와 집에서 발견된 다른 물품들은 관련된 소녀들 중 일부가 18세 미만, 가장 어린 소녀는 14세였으며 다수가 16세 미만이었음을 보여주었다. 엡스타인의 자택을 수색한 결과 두 대의 숨겨진 카메라와 집 곳곳에서 발견된 수많은 소녀들의 사진이 발견되었는데, 이들 중 일부는 경찰이 조사과정에서 인터뷰했던 소녀들이었다. 폴란드 출신의 전 모델이자 엡스타인의 비서였던 아드리아나 로스(Adriana Ross)는 팜비치 경찰이 자택을 수색하기 전 컴퓨터 드라이브와 다른 전자장비를 제거했다. 법원문서에 따르면 2005년 팜비치 경찰서 조셉 리카리(Joseph Recarey) 형사가 엡스타인의 자택을 수색하던 중 아마존 영수증이 발견되었는데, 여기에는 S&M(sadomasochism) 관련 서적들이 기재되어 있었다.

전 직원은 경찰에게 엡스타인이 하루에 세 번씩 마사지를 받았다고 진술했다. 결국 FBI는 엡스타인에 의한 성적 학대 혐의에 대한 상세한 증거를 포함하여 보상 자격이 되는 "34명의 미성년자"에 대한 보고서를 작성했다(이후 불기소 합의에서는 40명으로 증가). 줄리 브라운(Julie Brown)의 2018년 마이애미 헤럴드 폭로기사는 80명의 피해자를 확인했고, 그 중 약 60명의 위치를 파악하여 당시 경찰서장 레이터의 말을 인용하며 "이것은 50여 명의 '그녀들'과 한 명의 '그 남자'의 이야기였고, '그녀들'은 모두 기본적으로 같은 이야기를 했다"고 말했다. 조사에서 밝혀진 세부사항에는 12세 세쌍둥이가 엡스타인의 생일을 위해 프랑스에서 비행기로 왔고, 엡스타인에게 성적 학대를 당한 다음날 다시 비행기로 돌아갔다는 주장이 있었다. 어린 소녀들이 브라질 및 다른 남미 국가들과 구소련 국가들, 그리고 유럽에서 모집되었으며, 장-뤽 브루넬(Jean-Luc Brunel)의 "MC2" 모델링 에이전시도 엡스타인에게 소녀들을 공급했다는 주장이 제기되었다.

2006년 5월 팜비치 경찰은 엡스타인을 미성년자와의 불법 성관계 4건과 성적 학대 1건으로 기소해야 한다고 주장하는 진술서를 제출했다. 2006년 7월 27일 엡스타인은 팜비치 경찰서에 의해 미성년자를 성매매시키고 성매매를 교사한 플로리다주 형사혐의로 체포되었지만 이후 팜비치 구치소에 수감된 후 US $3,000의 보석금을 내고 석방되었다. 주 검사 크리셔는 이후 팜비치 대배심(Grand Jury)을 소집했는데, 이는 대개 사형 사건에서만 이루어지던 소집이었다. 두 명의 피해자로부터 제출된 증거만으로 대배심은 한 건의 중범죄 성매매 교사혐의로 기소 했지만 엡스타인은 2006년 8월 무죄를 주장했다. 엡스타인의 변호인단에는 로이 블랙(Roy Black), 제럴드 레프코트(Gerald Lefcourt), 하버드 법학대학원 교수 앨런 더쇼비츠(Alan Dershowitz), 그리고 전 미국 법무장관 켄 스타(Ken Starr)가 포함되어 있었고 언어학자 스티븐 핑커(Steven Pinker)도 도움을 주었다.

● 불기소 합의(NPA: Non-prosecution agreement)(2006-2008)

〈엡스타인건 불기소 합의서(NPA, 2007) 표지〉

2006년 7월 FBI는 "작전명 리프 이어(Operation Leap Year)"라는 엡스타인에 대한 자체 조사를 시작해 2007년 6월 53페이지 분량의 기소장이 작성되었다. 당시 플로리다 남부지구의 연방검사였던 알렉산더 아코스타Alexander Acosta)는 엡스타인과 4명의 공모자, 그리고 이름 없는 "잠재적 공모자"들에게 모든 연방 형사혐의에 대한 면책권을 부여하는 플리바게닝에 동의했고, 앨런 더쇼비츠가 협상하는 데 도움을 주었다. 마이애미 헤럴드에 따르면 불기소 합의는 "엡스타인의 성범죄에 더 많은 피해자와 여타 강력한 인물들이 참여 했는지 여부에 대한 진행 중인 FBI 조사를 중단시켰다." 당시 이로인해 조사가 중단되고 기소장이 봉인되었다. 마이애미 헤럴드는 "아코스타는 연방법에 반함에도 불구하고 이 합의가 피해자들에게 알려지지 않도록 하는 데 동의했다"고 밝혔다.

아코스타는 나중에 자신이 엡스타인에게 관대한 플리바게닝을 제안한 것은 엡스타인이 "정보기관에 속해 있었다"는 말을 들었기 때문이며, 이 문제가 자신의 "페이 그레이드"를 넘어선 문제였기 때문에 "손대지 말라"는 지시를 받았다고 말했다. 엡스타인은 플로리다 주 법원에서 두 건의 중범죄 매춘혐의에 대해 유죄를 인정하고 18개월 징역형을 복역하며 성범죄자로 등록하고 FBI가 확인한 30여 명의 피해자에게 배상금을 지불하는 데 동의했다. 이 플리바게닝은 나중에 "스위트하트 딜(sweetheart deal)"로 묘사 되었다.

연방 판사는 나중에 이 합의서가 검찰이 피해자 권리를 위반하여 피해자들에게 합의를 숨기고 대신 "인내심"을 가지라고 촉구한 조치였다고 판결했다. 2020년 11월에 발표된 미국 법무부 감찰관실의 내부 검토보고서에 따르면, 아코스타가 엡스타인에게 불기소 합의를 부여하고 엡스타인의 피해자들에게 합의내용을 통지하지 못한 것에 대해 "빈약한 판단(poor judgment)"으로 보았다.

●유죄 판결 및 선고(2008-2011)

2008년 6월 30일 엡스타인은 18세 미만 소녀의 매춘을 알선한 플로리다주 혐의제기에 대해 유죄를 인정하고 18개월 징역형을 선고받았다. 플로리다에서 유죄판결을 받은 대부분의 성범죄자들은 주립교도소로 보내지지만 엡스타인은 대신 팜비치 카운티 스토케이드(Stockade)의 개인병동에 수감되었고 보안관 사무실에 따르면 3.5개월 후 주 6일, 하루 최대 12시간 동안 "노역 방면(work release)"을 위해 교도소를 떠날 수 있었는데, 이는 최대 10개월의 잔여형량을 요구하고 성범죄자를 특권에서 제외하는 보안관의 자체정책에 위배되는 것이었다. 그는 지정된 방면시간 외에도 자유롭게 드나들 수 있었다.

엡스타인의 감방문은 잠기지 않았고 그를 위해 텔레비전이 설치된 변호사 방에 접근할 수 있었다. 그 후 이전에 직원이 없던 구치소의 병실로 옮겨졌고, 구금되기 직전에 그가 설립한 재단의 사무실에서 일했지만 형기를 마친 후에는 그 재단을 해산했다. 보안관 사무실은 엡스타인의 비영리 단체로부터 1US $28000을 받아 노역방면 중 제공되는 추가서비스 비용을 지불했다. 그의 사무실은 "허가된 부관(permit deputies)"들이 감시했는데, 이들의 초과근무 수당을 엡스타인이 지불했다. 그들은 정장을 입어야 했고, "프런트 데스크"에서 "환영받는 손님(welcomed guests)"들을 확인했다. 나중에 보안관 사무실은 이러한 손님 기록이 부서의 "기록 보존(records retention)" 규정에 따라 파기되었다고 말했지만, 구치소 방문자 기록은 그렇지 않았다. 엡스타인은 자신의 운전기사를 이용하여 교도소와 자신의 사무실, 다른 약속 장소를 오갈 수 있었다.

엡스타인은 13개월 가까이 복역한 후 2009년 7월 22일에 석방되어 2010년 8월까지 1년간 가택연금 보호관찰을 받았다. 보호관찰 중에도 자신의 전용제트기로 맨해튼과 미국령 버진아일랜드의 자택으로 여러차례 여행할 수 있었다. "운동"을 위해 팜비치 주변에서 긴 쇼핑 여행과 산책도 가능했다. 2011년 1월의 논쟁적인 심리와 항소 끝에 그는 평생 지정된 "레벨 3"(반복 범죄 위험도가 높은) 성범죄자로 뉴욕주에 등록된 상태를 유지했다. 그 심리에서 맨해튼 지방검사보 제니퍼 개프니(Jennifer Gaffney)는 엡스타인의 위험등급을 "레벨 1"(낮은 위험)으로 낮춰야 한다고 주장했지만 판사한테 수용되지 않았다. 엡스타인의 변호사는 그가 미국령 버진아일랜드에 "주요" 거주지를 가지고 있다고 반대했음에도 불구하고 판사는 그가 90일마다 뉴욕 경찰국에 직접 확인해야 한다고 확인했다. 엡스타인은 2010년부터 뉴욕에서 레벨 3 성범죄자로 등록되어 있었지만 뉴욕 경찰국은 90일 규정을 한 번도 집행하지 않았는데, 불이행은 중범죄에 해당한다.

●여론의 반응

면책 합의와 엡스타인에 대한 관대한 처우는 지속적인 대중적 논쟁의 대상이 되었다. 팜비치 경찰서장은 주 당국이 그에게 특혜를 주었다고 비난했고 마이애미 헤럴드는 미국 검사 아코스타가 엡스타인에게 "일생일대의 거래(the deal of a lifetime)"를 주었다고 주장했다. 2019년 7월 엡스타인이 성적 인신매매 혐의로 체포된 직후 아코스타는 2019년 7월 19일부로 노동부 장관직에서 사임했다.

엡스타인에 대한 고발이 공개된 후 엘리엇 스피처(Eliot Spitzer), 빌 리처드슨(Bill Richardson), 그리고 팜비치 경찰서를 포함한 여러 개인 및 기관이 그에게서 받은 기부금을 반환했지만 하버드대학교는 반환하지 않을 것이라고 발표했다. 엡스타인이 아동교육 자금을 위해 기부했던 다양한 자선 기부금에도 의문이 제기되었다.

2010년 6월 18일 엡스타인의 전 집사 알프레도 로드리게스(Alfredo Rodriguez)는 엡스타인의 활동을 기록한 일기를 경찰에 넘기지 않고 나중에 팔려 했던 방해혐의로 유죄 판결을 받아 18개월 징역형을 선고받았는데, FBI 특수요원 크리스티나 프라이어(Christina Pryor)는 이 자료를 검토한 뒤 "물질적 증인과 추가 피해자의 이름 및 연락처 정보 등 사건을 조사하고 기소하는 데 매우 유용했을 정보"라고 말했다.

7.2 엡스타인의 두 번째 형사 사건(2019)

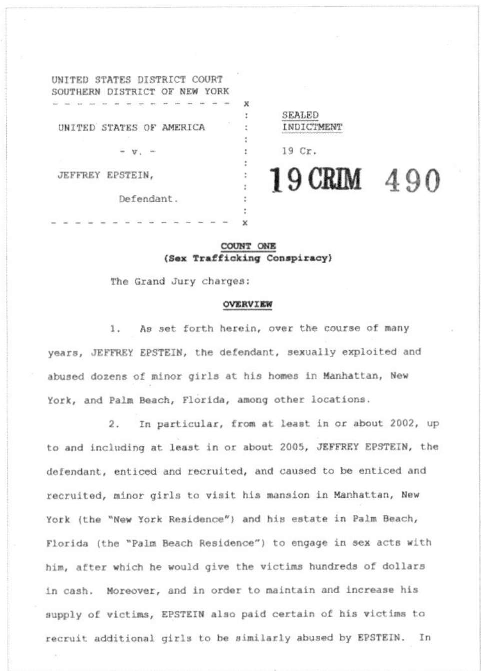

UNITED STATES DISTRICT COURT
SOUTHERN DISTRICT OF NEW YORK
- - - - - - - - - - - - - - x
UNITED STATES OF AMERICA   :   SEALED
                                :   INDICTMENT
        - v. -   :   19 Cr.
JEFFREY EPSTEIN,   :   **19 CRIM 490**
        Defendant.   :
- - - - - - - - - - - - - - x

COUNT ONE
(Sex Trafficking Conspiracy)

The Grand Jury charges:

OVERVIEW

1. As set forth herein, over the course of many years, JEFFREY EPSTEIN, the defendant, sexually exploited and abused dozens of minor girls at his homes in Manhattan, New York, and Palm Beach, Florida, among other locations.

2. In particular, from at least in or about 2002, up to and including at least in or about 2005, JEFFREY EPSTEIN, the defendant, enticed and recruited, and caused to be enticed and recruited, minor girls to visit his mansion in Manhattan, New York (the "New York Residence") and his estate in Palm Beach, Florida (the "Palm Beach Residence") to engage in sex acts with him, after which he would give the victims hundreds of dollars in cash. Moreover, and in order to maintain and increase his supply of victims, EPSTEIN also paid certain of his victims to recruit additional girls to be similarly abused by EPSTEIN. In

⟨엡스타인 공소장(2019) 표지⟩

2019년 7월 6일 엡스타인은 뉴저지주 테터보로(Teterboro Airport) 공항에서 FBI-NYPD 아동범죄 태스크포스에 의해 성적 인신매매 혐의로 체포되어 뉴욕 메트로폴리탄 교정 센터(Metropolitan Correctional Center in New York City)에 수감되었다. 체포 당일 목격자들과 소식통에 따르면 약 12명의 FBI 요원이 맨해튼 타운하우스 문을 수색영장으로 강제로 열어 수색한 결과 성적 인신매매 증거와 "수백, 어쩌면 수천 장의 완전 또는 부분 나체 여성의 성적으로 자극적인 사진"이 발견되었고 일부 사진은 미성년자 여성으로 확인되었다. 잠긴 금고에서는 수기로 "어린 [이름] + [이름]", "기타 누드 1", "소녀 사진 누드" 등의 설명이 적힌 콤팩트 디스크가 발견되었다.

금고에서는 US $7만의 현금과 48개의 다이아몬드, 그리고 엡스타인의 사진에 다른 이름으로 된 1987년 만료 위조 오스트리아 여권이 발견되었다. 이 여권에는 1980년대 프랑스, 스페인, 영국, 사우디아라비아에 입국한 기록을 포함한 수많은 입출국 도장이 찍혀 있었고, 거주지가 사우디아라비아로 표시되어 있었다. 그의 변호인에 따르면 엡스타인은 "부유한 유대인 신도"로서 해외여행 중 납치될 위험이 있었기 때문에 그 위조여권을 취득하라는 조언을 받았다는 것이다.

7월 8일 뉴욕 남부지구 공공부패부 검사들은 엡스타인을 성적 인신매매 및 미성년자 성매매 공모 혐의로 기소했다. 대배심 기소장은 "수십 명"의 미성년 소녀들이 성적 만남을 위해 엡스타인의 맨션으로 끌려왔다고 주장한다. 케네스 마라(Kenneth Marra) 판사는 엡스타인을 더 심각한 혐의로부터 보호했던 불기소 합의가 여전히 유효한지 여부를 결정해야 했다.

엡스타인은 보석금을 US $1억으로 제시하며 뉴욕 맨션에서 가택연금을 조건으로 보석을 요청했지만 미국 지방법원 판사 버먼

(Richard M. Berman)은 7월 18일 이 요청을 기각하며 엡스타인이 대중에게 위험하고 기소를 피하기 위한 심각한 도주위험이 있다고 말했다. 2019년 8월 29일 엡스타인이 감방에서 사망한 지 19일 후 버먼 판사는 엡스타인에 대한 사건을 종결했다. 검찰은 잠재적 공모자에 대한 조사는 계속할 것이라고 밝혔다.

●프랑스의 조사

2019년 8월 23일 파리 검찰청은 엡스타인과 관련된 소아성애증 네트워크의 국제적 측면을 보고하며 정의의 느린 진행을 비판한 야엘 멜룰(Yael Mellul)의 편지를 받은 후 엡스타인에 대한 예비 조사를 시작했다. 엡스타인은 15세 내외의 미성년자에 대한 강간 및 성적 학대, 범죄를 저지를 목적으로 한 범죄 단체 구성, 범죄를 저지를 목적으로 한 범죄자와의 공모혐의로 조사를 받고 있다. 검찰은 조사의 목표가 프랑스 및 다른 곳에서 프랑스 시민들에게 저질러진 가능한 범죄를 찾아내는 것이라고 밝혔다.

7.3 엡스타인에 대한 민사 사건

●제인 도 대 엡스타인 (2008)

2008년 2월 6일 제인 도(Jane Doe) 2호로 알려진 익명의 버지니아주 여성이 엡스타인을 상대로 US $5천만의 민사소송을 연방법원에 제기했다. 그녀는 2004년과 2005년 16세의 미성년자였을 때 "엡스타인에게 마사지를 해주도록 모집되었다"고 진술했다. 그녀는 맨션으로 끌려가 성관계를 가진 직후 US $200를 받았다고 주장했다. 2008년 3월에는 다른 여성이 같은 변호사를 통해 비슷한 US $5천만 규모의 소송을 제기했고, 이 소송들과 여러 비슷한 소송들은 기각되었다. 다른 모든 소송들은 엡스타인과 법원 밖에서 합의했다. 엡스타인은 주장된 피해자들과 많은 법정 외 합의를 했다.

●피해자 권리(Victim’s rights): 여러 제인 도(Jane Does) 대 미국 (2014)

2014년 12월 30일 제인 도 1호(Courtney Wild)와 제인 도 2호가 미국 법무부의 엡스타인 및 그의 제한된 2008년 주법원 유죄인정에 대한 불기소합의로 인해 범죄 피해자 권리법 위반을 이유로 미국을 상대로 플로리다에서 연방 민사소송을 제기했다. 나중에 버지니아 로버츠(제인 도 3호)와 또 다른 여성(제인 도 4호)을 원고로 추가하려는 시도는 실패했다. 이 추가소송은 앨런 더쇼비츠가 엡스타인이 제공한 미성년자 제인 도 3호에게 성적 학대를 가했다는 혐의였다. 더쇼비츠에 대한 혐의는 판사에 의해 기각되었고 소송의 목적(유죄인정 합의 재개)과 관련이 없다고 판단되어 사건에서 제외되었다. 법원에 제출된 문서에는 엡스타인이 "성적 학대 조직"을 운영했으며 미성년 소녀들을 "저명한 미국 정치인, 유력 사업가, 외국 대통령, 유명 총리, 그리고 다른 세계 지도자들"에게 빌려주었다고 주장하고 있다.

이 장기 소송은 피해자 권리를 위반했다는 이유로 연방 유죄 인정 합의를 취소하는 것을 목표로 연방법원에 계류 중이다. 2015년 4월 7일 케네스 마라 판사는 주장된 피해자 버지니아 로버츠가 앤드류 왕자를 상대로 제기한 주장은 엡스타인의 연방 정부와의 불기소 유죄 인정 합의를 재개하려는 피해자들의 소송과 무관하다고 판결해 해당 주장을 기록에서 삭제하도록 명령했다. 마라 판사는 로버츠의 주장이 사실인지 거짓인지에 대한 판결을 내리지 않았고, 제인 도 3호와 4호가 소송에 합류하는 것을 허용하지 않았지만 로버츠가 나중에 사건이 법원에 회부될 때 증거를 제시할 수 있다고 명시적으로 말했다.

2019년 2월 21일 2명의 제인 도 대 미국 사건에서 미국 플로리다 남부지구 지방법원의 선임 판사 케네스 마라는 연방 검찰이 엡스타인에게 플로리다 주에서 두 가지 혐의에 대해서만 유죄를 인정하도록 허용하기 전에 피해자들에게 통지하지 않아 법을 위반했다고 말했다. 판사는 가능한 구제 조치가 무엇일지는 열어두었다.

●버지니아 쥬프레 대 엡스타인 (2015)

2014년 12월 브래들리 에드워즈와 폴 G. 캐셀(Bradley Edwards and Paul G. Cassell)이 범죄 피해자 권리법 소송에 포함시키기 위해 플로리다 법원에 제출한 서류에서 버지니아 쥬프레 (이전에는 버지니아 로버츠로 알려짐)는 선서 진술서에서 17세였던 2004년과 2005년에 엡스타인과 맥스웰에 의해 성적으로 인신매매되어 그들과 앤드류 왕자 및 하버드 명예교수 앨런 더쇼비츠를 포함한 여러 사람에게 제공되었다고 주장했다. 쥬프레는 또한 엡스타인, 맥스웰 및 다른 사람들이 자신을 신체적, 성적으로 학대했다고 주장하면서 FBI가 은폐에 연루되었을 수도 있다고 말했다. 1999년부터 2002년까지 엡스타인의 성 노예로 일했으며 다른 미성년자 소녀들을 모집했다고 말했다. 앤드류 왕자와 엡스타인, 더쇼비츠 모두는 쥬프레와의 성관계를 부인했다. 더쇼비츠는 이 주장에 대해 법적 조치까지 취했다.

쥬프레는 더쇼비츠를 상대로 명예훼손 소송을 제기하며, 그가 의도적으로 자신에 대해 "거짓되고 악의적인 명예훼손 진술"을 했다고 주장했다. 쥬프레의 것으로 추정되는 일기가 온라인에 공개되었다. 엡스타인은 다른 여러 소송에서도 그랬듯이 쥬프레와 법정 외 합의를 했다. 2019년 쥬프레는 BBC의 파노라마에서 인터뷰를 통해 엡스타인이 자신을 앤드류 왕자에게 인신매매했다고 계속 주장하며 "영국 국민들이 저와 함께 이 싸움을 싸우고, 이것이 괜찮다고 받아들이지 않기를 간곡히 부탁합니다"라고 말하며 대중에게 직접 호소했다.

●버지니아 쥬프레 대 기슬레인 맥스웰 (2015)

쥬프레의 주장과 맥스웰의 발언으로 인해 쥬프레는 2015년 9월 맥스웰을 명예훼손으로 고소했는데, 긴 법적 공방 끝에 2017년 5월 비밀리에 합의되었다. 마이애미 헤럴드와 다른 언론사, 그리고 앨런 더쇼비츠는 합의문서의 봉인 해제를 요청했지만 판사가 그들의 요청을 기각한 후 이 문제는 미국 제2순회 항소법원에 항소되었다.

2019년 3월 11일 2017년 쥬프레 대 맥스웰 명예훼손 합의문서 봉인해제 거부판결에 대한 항소심에서 제2순회 법원은 당사자들에게 문서가 봉인된 상태를 유지해야 하는 타당한 이유를 일주일 내에 제시하도록 명령했으며, 그렇지 않으면 2019년 3월 19일에 봉인 해제될 것이라고 밝혀 이후 법원은 무고한 당사자를 보호하기 위해 수정된 문서를 봉인해제하도록 명령했다.

증언에서 쥬프레는 맥스웰에게 지시받아 앤드류 왕자, 장-뤽 브루넬, 글렌 두빈(Glenn Dubin), 마빈 민스키(Marvin Minsky) 빌 리처드슨 주지사, 또 다른 익명의 왕자와 익명의 외국 대통령, "유명 총리", 그리고 프랑스의 익명의 호텔 체인 소유주 등과 성적인 마사지와 성행위에 참여했다고 주장했다. 쥬프레는 "내 인생 전체가 이 남자들을 기쁘게 하고 기슬레인과 제프리를 행복하게 하는 데 집중되어 있었다. 그들의 인생 전체가 섹스를 중심으로 돌아갔다"고 증언했다.

8월 9일 엡스타인 사망 24시간도 채 되지 않아 이 사건의 봉인된 문서 중 2,000페이지가 공개되었다. 두 묶음의 추가 봉인된 문서는 연방 판사가 공개 여부를 결정하기 위해 분석될 예정이었다. '존 도(John Doe)'는 9월 3일 판사에게 문서들을 영구적으로 비밀로 유지해 달라고 요청했는데, 자신의 이름이 포함되어 있는지에 대한 증거는 없지만 "증명되지 않은 부적절한 주장"이 자신의 명성을 손상시킬 수 있다고 주장했다.

●제인 도 대 엡스타인 및 트럼프(2016)

2016년 4월 캘리포니아에서 캘리포니아 여성이 엡스타인과 도널드 트럼프를 상대로 제기한 연방소송에서 1994년 그녀가 13세였을 때 엡스타인의 맨해튼 자택에서 열린 일련의 파티에서 두 남성이 자신을 성폭행했다고 주장했다. 이 소송은 연방 판사에 의해 2016년 5월 연방법에 따른 유효한 주장을 제기하지 않았다는 이유로 기각되었다. 이 여성은 2016년 6월 뉴욕에서 또 다른 연방 소송을 제기했지만 3개월 후 피고에게 송달되지 않은 채 갑자기 취하되었다. 세 번째 연방 소송은 2016년 9월 뉴욕에서 제기되었다.

후자의 두 소송에는 익명의 증인 진술서가 포함되었는데, 이 증인은 소송의 주장을 입증하며 엡스타인이 자신을 고용하여 미성년 소녀들을 성매매시키도록 했고 익명의 인물은 원고가 당시 자신에게 성폭행에 대해 이야기했다고 진술했다. 익명으로 제인 도로 소송을 제기한 원고는 2016년 선거 6일 전 로스앤젤레스 기자회견에 참석할 예정이었으나 갑자기 행사를 취소했다. 그녀의 변호사 리사 블룸(Lisa Bloom)은 그 여성이 협박을 받았다고 주장했다. 이 소송은 2016년 11월 4일에 취하되었다. 트럼프의 변호사 앨런 가텐(Alan Garten)은 주장을 부인했고 엡스타인은 논평을 거부했다.

●사라 랜섬 대 엡스타인 및 맥스웰(2017)

2017년 사라 랜섬(Sarah Ransome)은 엡스타인과 맥스웰을 상대로 소송을 제기하며, 맥스웰이 자신을 고용하여 엡스타인에게 마사지를 해주도록 했고 나중에 뉴욕 맨션과 카리브해 개인 섬인 리틀 세인트 제임스에서 자신들의 성적 요구에 따르지 않으면 신체적 해를 가하거나 경력을 망치겠다고 협박했다고 주장했다. 이 소송은 2018년 비공개 조건으로 합의되었다.

●브래들리 에드워즈의 명예훼손 대 엡스타인(2018)

변호사 브래들리 에드워즈가 엡스타인을 상대로 제기한 플로리다 주 민사소송은 2018년 12월 재판이 예정되어 있었다. 이 재판은 피해자들이 자신들의 주장을 공개적으로 할 첫 기회를 제공할 것으로 예상되었지만 재판 첫날 합의되었고 엡스타인은 에드워즈에게 공개적으로 사과했으며 합의의 다른 조건은 비공개였다.

●마리아 파머 대 엡스타인 및 맥스웰(2019)

2019년 4월 16일 마리아 파머(Maria Farmer)는 공개적으로 나서 뉴욕 연방법원에 선서 진술서를 제출하여 1996년 자신과 15세 여동생 애니(Annie)가 엡스타인과 맥스웰에게 각각 다른 장소에서 성폭행을 당했다고 주장했다. 파머는 1995년 뉴욕 미술 아카데미(New York Academy of Art)에서 자신의 졸업 전시회 리셉션에서 엡스타인과 맥스웰을 만났다. 이듬해인 1996년 여름 그들은 그녀를 고용하여 레슬리 웩스너의 오하이오 맨션에서 미술 프로젝트를 진행하게 했는데, 그곳에서 성폭행을 당해 이 사건을 뉴욕 경찰국과 FBI에 신고했다. 파머의 진술서는 또한 같은 여름에 엡스타인이 당시 15세였던 여동생을 뉴멕시코에 있는 자신의 부동산으로 비행기로 데려가 엡스타인과 맥스웰이 마사지 테이블에서 그녀를 성적으로 학대했다고 진술했다.

●제니퍼 아라오즈 대 엡스타인 및 맥스웰 (2019)

2019년 7월 22일 재판을 기다리며 수감 중이던 엡스타인에게 제니퍼 아라오즈(Jennifer Araoz)가 제기한 민사소송 소장이 전달되었다. 그녀는 14세 때 탤런트 언리미티드 고등학교(Talent Unlimited High School) 밖에서 엡스타인의 동료에게 모집되어 1년 이상 점진적으로 길들여진 후 15세 때 엡스타인의 뉴욕 맨션에서 강간당했다고 진술했다. 아라오즈는 2019년 8월 14일 소송을 제기했는데, 이는 뉴욕 주 법이 아동 성적 학대를 당한 성인 생존자들이 학대 발생시기와 상관없이 이전 범죄에 대해 소송을 제기할 수 있게 1년의 기간을 허용하도록 업데이트된 시점이었다. 2019년 10월 아라오즈는 자신의 고소장을 수정하여 엡

스타인과 관련된 20개 이상의 기업 법인을 포함시켜 레슬리 그로프
(Lesley Groff)와 심벌리 에스피노사(Cimberly Espinosa)를 추가 공범
으로 지목했다.

●케이틀린 도 외 대 엡스타인 유산법인(Epstein's estate)(2019)

세 명의 여성 (Katlyn Doe, Lisa Doe and Priscilla Doe)은 2019
년 8월 20일 엡스타인의 유산법인을 상대로 민사소송을 제기했다. 이
여성들 중 두 명은 엡스타인을 만났을 때 17세였고 한 명은 20세였다.
이 여성들은 자신들이 엡스타인과 "방대한 공범 기업(vast enterprise"
of co-conspirators)"에 의해 모집되어 원치 않는 성행위를 강요당했으
며 통제를 받았다고 주장했다.

●제인 도 대 엡스타인 유산법인 (2019)

엡스타인의 뉴욕 고발자 중 한 명인 제인 도(Jane Doe)는 2019
년 9월 18일 뉴욕 남부지구 연방법원에 그의 유산법인을 상대로 연방소
송을 제기한다고 발표했는데, 2002년에 모집되어 14세부터 3년 동안 엡
스타인에게 성적 학대를 당했다고 주장했다.

●테레사 헬름 외 대 엡스타인 유산법인(2019)

다섯 명의 여성 (Teresa Helm, Annie Farmer, Maria Farmer,
Juliette Bryant, and an unidentified woman)은 2019년 11월 맨해튼 연

방 지방법원에 엡스타인의 유산법인을 상대로 강간, 폭행, 불법 감금 혐의로 소송을 제기하며 특정되지 않은 손해 배상을 요구했다.

•제인 도 15호 대 엡스타인 유산법인 (2019)

2019년 11월 18일, 제인 도 15호로 확인된 한 여성은 자신의 변호사와 함께 공개적으로 나타나 뉴욕 남부지구 지방법원에 엡스타인의 유산법인을 고소한다고 발표했는데, 2004년 자신이 15세였을 때 그가 자신을 조작하고 인신매매했으며 성적으로 학대했다고 주장했다.

•테알라 데이비스 대 엡스타인 유산법인 (2019)

2019년 11월 21일 테알라 데이비스(Teala Davies)는 자신의 변호사와 함께 맨해튼 연방법원에 엡스타인의 유산법인을 상대로 소송을 제기한다고 발표했는데, 2002년 엡스타인을 만난 후 그가 뉴욕, 뉴멕시코, 플로리다, 버진아일랜드, 프랑스에서 자신을 성적으로 학대하고 인신매매했다고 진술했다.

•여러 제인 도 1-9호 대 엡스타인 유산법인 (2019)

2019년 12월 3일 변호사 조던 머슨(Jordan Merson)은 아홉 명의 익명 고발자(제인 도즈 1~9호)를 대리하여 폭행, 구타, 고의적 정서적 고통을 이유로 뉴욕에서 엡스타인의 유산법인을 상대로 소송을 제기했다. 주장 내용은 1985년부터 2000년대까지 거슬러 올라가, 엡스타인을 처음 만났을 때 13세, 14세, 15세였던 개인들도 포함한다.

●JJ 도 대 엡스타인 유산법인 (2019)

이 소송은 2019년 12월 말 변호사 브래들리 에드워즈가 자신의 의뢰인을 대리하여 제기했다. 고발자 JJ 도는 엡스타인이 2004년에 자신을 학대했을 당시 팜비치의 14세 주민이었다고 설명된다.

●미국령 버진아일랜드 대 엡스타인 유산법인 등(2020)

2020년 1월 엡스타인이 2018년까지 40년 이상 동안 카리브해 섬에서 11세 아이들을 성적으로 학대하는 공모조직을 운영했다고 미국령 버진아일랜드 고등법원에 소송이 제기되었다.

●제인 도 대 맥스웰 및 엡스타인 (2020)

2020년 1월 맥스웰과 엡스타인을 상대로 소송이 제기되었는데, 1994년 인터로첸 예술센터(Interlochen Center for the Arts)의 13세 음악학생을 모집하여 성적 학대를 가했다는 주장이다. 이 소송은 제인 도가 4년 동안 엡스타인에게 반복적으로 성적 학대를 당했으며 맥스웰이 그녀의 모집과 학대참여에 핵심적인 역할을 했다고 명시하고 있다.

●여러 제인 도 대 엡스타인 유산법인 (2020)

2020년 8월 9명의 제인 도는 엡스타인을 성적 학대 혐의로 고소했는데, 피해자들은 11세 소녀와 1975년에 학대를 주장한 피해자를 포함한다.

●제인 도 대 엡스타인 유산법인 (2020)

2020년 8월 엡스타인은 제인 도에게 고소당했는데, 그녀는 18세부터 1년 넘게 그에게 성적 학대를 당했다고 주장했다.

●제인 도 대 엡스타인 유산법인 (2021)

2021년 3월 브로워드(Broward) 여성이 엡스타인의 유산법인을 상대로 민사소송을 제기했는데, 2008년 플로리다에서 엡스타인과 맥스웰이 자신을 반복적으로 강간한 후 인신매매했다고 주장했다.

●미국령 버진아일랜드 대 JP모건 체이스 은행, N.A. (2022)

미국령 버진아일랜드 정부는 2022년 JP모건 체이스 은행(JPMorgan Chase Bank, N.A.)을 상대로 소송을 제기하며, JP모건이 "엡스타인이 운영하는 인신매매 네트워크를 용이하게 하고 유지하며 은폐했다"고 주장했다. 관련 집단소송에서는 은행이 엡스타인의 대규모 현금인출 구조화를 도왔다고 주장했다.

8. 엡스타인과 트럼프와의 관계

8.1 엡스타인-트럼프 관계 타임라인

● 1980년대

트럼프에 의하면 트럼프와 엡스타인은 트럼프가 1985년 마라라고(Mar-a-Lago)를 매입했을 당시 처음 만났으며, 그때 엡스타인도 플로리다 팜비치에 살고 있었다. 트럼프는 2002년 뉴욕 매거진과의 인터뷰에서 엡스타인을 "15년 동안 알고 지냈다"며 그를 "굉장한 남자(terrific guy)"라고 불렀고, "그가 나만큼 아름다운 여성을 좋아한다는 소문도 있고, 그들 중 많은 수가 어린 편"이라고 덧붙였다. 마라라고(Mar-a-Lago)는 스페인어로 Sea-to-Lake라는 뜻으로, 대서양 바다(Mar)와 Worth Lagoon호수(Lago) 사이에 위치해 있다는 의미다.

●1992

NBC에서 2019년 공개한 행사영상에 따르면, 트럼프와 엡스타인은 트럼프가 마라라고에서 연 파티에서 함께 웃는 모습이 포착됐다.

●1992

뉴욕타임스는 트럼프가 플로리다 사업가 조지 호라니(George Houraney)와 엡스타인, 당시 호라니의 여자 친구였던 질 하스(Jill Harth) 등 두 사람만 초대한 Mar-a-Lago의 "캘린더 걸" 파티에서 트럼프가 강제로 키스하고 애무했으며 침실에서 나가지 못하게 막았고 파티에서 다른 22세 여성과 침대에 기어들어갔다고 주장한 사건을 1997년 소송에서 트럼프가 하스와 합의했다고 보도했다(트럼프는 하스의 주장을 부인했다).

●1993

뉴욕타임스는 엡스타인의 공범 기슬레인 맥스웰의 재판에서 공개된 비행기록에 따르면 트럼프가 1993년에만 엡스타인의 개인 제트기를 4번이나 탔다고 보도했다 .

●1993

CNN이 공개한 사진에는 엡스타인이 1993년 트럼프와 그의 두 번째 부인인 말라 메이플스(Marla Maples)와의 뉴욕 플라자호텔 결혼식에 참석한 모습이 담겨 있다. 결혼식 몇 달 전 CNN이 공개한 또 다른 사진에는 엡스타인과 트럼프가 뉴욕 할리 데이비슨(Harley Davidson) 카페 개장식에 함께 참석한 모습이 담겨 있다.

●1993

10월 뉴욕타임스와의 인터뷰에서 스테이시 윌리엄스(Stacey Williams)는 엡스타인이 그녀를 트럼프타워에 데려왔을 때 트럼프가 그녀를 더듬었다고 주장했다 (트럼프의 선거캠프는 이 주장을 "명백한 거짓"이며 정치적 동기가 있다고 부인했다).

●1994

비행 기록에 따르면 트럼프는 엡스타인의 개인 제트기 중 한 대에 탑승했다.

●1995

뉴욕타임스에 따르면 엡스타인은 자신과 맥스웰을 성폭행 혐의로 고소한 마리아 파머(Maria Farmer)에게 밤늦게 전화를 걸었고, 트럼프가 그곳에 도착해 당시 20대 중반이었던 파머의 "위로 맴돌며" 그녀의 벗은 다리를 "멍하니 바라보았다". 엡스타인은 파머가 FBI에 "아니, 아니. 그녀는 널 위해 여기 있는 게 아니야."라고 말하기 전까지는 "그냥 너랑 같이 있을 거야."라고 말했다고 한다 .

●1995

비행기록에 따르면 트럼프는 엡스타인의 제트기를 타고 또 다른 비행기를 탔다.

●1997

뉴욕타임스에 따르면 트럼프는 그의 저서 "트럼프: 컴백의 기술(Trump: The Art of the Comeback)"에서 엡스타인에게 "제프에게—당신은 최고입니다!"라는 내용의 메모를 남겼다 .

●1997

트럼프는 엡스타인의 제트기 중 한 대를 타고 일곱 번째 비행 했다.

●1997

트럼프와 엡스타인은 빅토리아 시크릿(Victoria's Secret)의 "앤젤스" 파티에서 서로 가까이 서 있는 모습이 사진에 찍혔다. 이는 트럼프가 벨기에 모델 잉그리드 세인하베(Ingrid Seynhaeve)와 함께 포즈를 취하고 있는 게티 이미지에 따른 것으로, 배경에 엡스타인이 나와 있다.

〈트럼프와 세인하베와의 사진〉

● 1999

CNN이 공개한 영상에는 트럼프와 엡스타인이 빅토리아 시크릿 행사에서 서로 웃고 이야기를 나누는 모습이 담겨 있다.

● 2000

2019년에 공개된 쥬프레의 증언에 따르면 엡스타인 피해자 버지니아 쥬프레는 트럼프의 마라라고 리조트에서 일하던 중 맥스웰에게 엡스타인의 개인 마사지사로 채용되어 엡스타인과 그의 부유한 동료들에게 성적 서비스를 제공하도록 훈련받았다.

〈마라라고에서 트럼프와 당시 여자친구 멜라니아 크나우스, 엡스타인과 맥스웰(2000)〉

• 2003

월스트리트 저널에 따르면 트럼프는 엡스타인에게 "매일이 또 다른 멋진 비밀이 되기를"이라는 글이 적힌 생일 카드를 주었다. 트럼프는 이를 부인하며 해당 신문사를 고소했다. 뉴욕타임스는 나중에 트럼프가 엡스타인의 생일카드 모음집 기고자 목록에 있었다고 보도했다. 트럼프의 편지가 실렸다는 내용이다.

• 2004

워싱턴포스트 보도에 따르면 트럼프가 엡스타인보다 팜비치 맨션에 대한 입찰에서 더 높은 가격을 제시하면서 두 사람이 불화상태에 빠졌다 .

- 2006

타임스는 트럼프와 엡스타인이 가수 제임스 브라운(James Joseph Brown Jr.)과 함께 사진에 등장했다고 보도했다 (사진의 날짜는 기록되어 있지 않지만, 브라운은 2006년에 사망했다).

- 2010

진보성향 매체인 Meidas Touch가 소셜 미디어에 게시한 영상이 다시 공개되었는데, 엡스타인이 트럼프와 사교관계를 맺었다는 사실을 인정하고 "18세 미만의 여성 앞에서" 트럼프와 사교관계를 맺은 적이 있느냐는 질문에는 대답을 거부하는 모습이 담겨 있다.

- 2015

Gawker에서 공개한 문서사본에 따르면 엡스타인의 1,571명 개인연락처가 적힌 "작은 검은책(little black book)"에는 트럼프의 이름이 동그라미로 표시되어 있었는데, 이 책은 엡스타인의 측근들의 이름, 전화번호, 주소가 적힌 97페이지 분량의 책이다. 앤드류 왕자와 에후드 바라크 전 이스라엘 총리 등 고위인사 38명의 이름도 동그라미로 표시되어 있었다.

Here's Every Known Link Between Trump And Epstein: 'Jeff — You Are The Greatest!' Trump Reportedly Signed Book (Forbes)

MAGA World Rallies To Defend Trump: Don Jr. Calls Epstein Birthday Card Allegations 'Insanity' (Forbes)

Trump Directs Bondi To Release Some Epstein Documents, Threatens To Sue Wall Street Journal And Murdoch (Forbes)

Just 17% Approve Of Trump's Handling Of Epstein Files: Poll (Forbes)

8.2 엡스타인과 트럼프와의 관계 개요

미국의 45대 및 47대 대통령인 도널드 트럼프는 1980년대 후반부터 시작하여 2000년대 초반까지 엡스타인과의 사회적, 직업적 관계를 발전시켰다. 2005년으로 엡스타인과의 관계가 끝났다는 트럼프의 확언에도 불구하고 2015년 트럼프 타워에서 두 사람이 만났다는 제보도 있었고, 엡스타인의 동생 마크는 트럼프의 제45대 선거 당선을 전후

한 2016년까지도 서로 만났다고 주장한다.

트럼프는 2015년 정계에 입문하기 전 사업가이자 언론인으로 활동하는 동안 엡스타인과 서로의 부동산을 정기적으로 방문했다. 트럼프와 엡스타인은 1990년대와 2000년대 초반에 자주 사교활동을 했는데, 플로리다에 있는 트럼프의 Mar-a-Lago 리조트와 엡스타인의 저택에서 열린 파티에 참석했다. 다른 재판에서 공개된 비행기록에 따르면 트럼프는 1990년대에 엡스타인의 개인 제트기를 여러 번 탔으며, 엡스타인에 따르면 트럼프는 개인 제트기에서 멜라니아 크나우스(Melania Knauss)와 처음으로 성관계를 가졌다. 트럼프와 그의 대리인들은 2004년경 엡스타인과 사이가 틀어져 연락을 끊었다고 주장한다. 2007년 엡스타인이 다른 Mar-a-Lago 회원의 10대 딸을 성희롱했다는 주장이 제기되자 트럼프는 엡스타인의 Mar-a-Lago 회원자격을 박탈했다.

엡스타인이 2019년 미성년자 성매매 혐의로 체포되어 감옥에서 사망한 이후 두 사람의 관계는 더욱 심도 있는 조사를 받게 되었는데, 특히 트럼프가 제45대 2016년과 제47대 2024년 대선에 당선된 이후 더욱 그랬다. 트럼프는 엡스타인의 범죄행위를 전혀 몰랐다고 부인했고, 엡스타인이 체포되어 사망하기 전 몇 년 동안 거리를 두었다. 트럼프는 당시 상황에 대해 근거 없는 음모론(클린턴 책임론 등)을 퍼뜨리며 엡스타인이 살해당했다고 주장했다. 트럼프는 2024년 대선 캠페인 기간 동안 엡스타인 관련자료를 공개하겠다고 약속했지만 당선 이후 트럼프 행정부가 엡스타인 관련 자료를 공개하지 않으면서 2025년에는 언론의 관심과 여론의 압력이 더욱 거세졌다.

쥬프레는 엡스타인과 맥스웰이 자신을 마라라고에서 성매매조직에 끌어들였다고 밝혔지만 트럼프가 직접 불법행위를 저질렀다고 비난하지는 않았다. 2025년 현재 유죄판결을 받은 성범죄자 맥스웰도 트럼프가 부적절한 행동을 하는 것을 본 적이 없다고 주장했다. 쥬프레는 트럼프를 학대혐의로 고소하지는 않았지만 트럼프가 재산을 이용해 자신을 마라라고로 끌어들인 사실과 과거 엡스타인과의 관계 때문에 이름이 반복적으로 거론되었다. 엡스타인의 범죄와 관련하여 트럼프에게 형사상 불법행위가 성립된 적은 없지만 최근 공개된 문서는 새로운 의문을 불러일으켰다. 트럼프가 2003년 엡스타인에게 쓴 것으로 알려진 성적 암시가 담긴 생일 편지에는 조잡한 그림이 포함되어 있었는데 트럼프는 그 편지의 적법성을 부인했다.

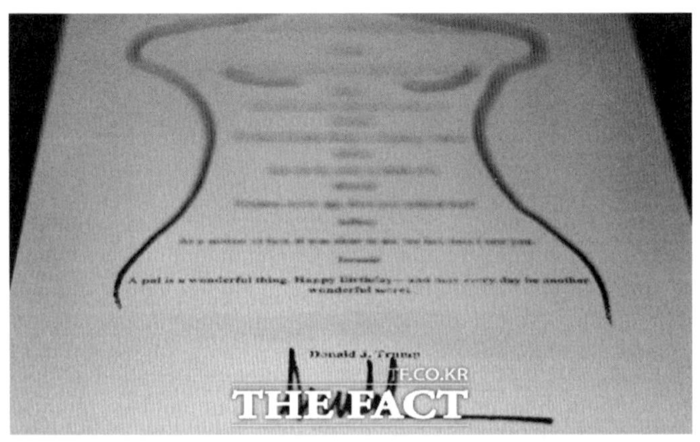

〈트럼프 서명 엡스타인 생일 편지〉

1970년대 이후 최소 28명의 여성이 트럼프를 성적 부정행위로 고발했다. 여기에는 강간과 동의 없는 키스, 더듬기, 여성의 치마 속 들여다보기, 알몸의 십대 미인대회 참가자들을 돌아다니며 만나기 등이 포함된다. 트럼프는 모든 혐의를 부인 했지만 언론과 소셜 미디어에서 말할 때 여성을 모욕하고 폄하한 전력이 있으며 여성에 대해 음란한 발언을 하고 여성의 외모를 비하하는 별명을 사용했다.

엡스타인은 엘리트 사회계층을 형성하여 성적으로 학대하려 많은 여성과 어린이를 조달했다. 피해자에 대한 자신의 성적 학대 외에도 다른 사람들에게 소녀들을 성적으로 학대하도록 지시했다. 엡스타인은 유급직원과 지인들을 이용하여 심지어 프랑스와 남미 및 중앙아시아 등에서 미성년 소녀들을 찾아 데려왔다. 엡스타인은 자신의 성적 만족뿐만 아니라 다른 사람들의 성적 만족과 미성년자를 얻기 위해 다른 사람들과 공모했다. 그의 동료 맥스웰은 나중에 엡스타인의 오랜 여자 친구였을 뿐만 아니라 미성년 소녀들을 조달하거나 모집한 것으로 드러났다.

8.3 1980년대-1992년

트럼프는 엡스타인과의 우정이 1980년대 후반에 시작되었다고 말한 바 있다. 두 사람은 팜비치 이웃이었고 서로의 부동산을 방문했다. 2025년 7월 16일 에린 버넷 아웃프런트 에피소드(Erin Burnett Outfront)

에서 1987년부터 1990년까지 트럼프 플라자 앤 카지노(Trump Plaza and Casino)의 최고운영책임자(COO)를 지낸 잭 오도넬(Jack O'Donnell)은 CNN 리포터 에린 버넷과의 인터뷰에서 "내 생각에 [엡스타인]은 그의 가장 친한 친구였습니다. [내가] 그곳에 있었던 4년 동안 말이죠."라고 주장했다. 그들은 종종 카지노를 함께 방문했으며 오도넬은 트럼프와와 엡스타인이 뉴저지주에서 합법적인 도박연령인 21세 미만의 소녀들을 데려왔을 때 두 사람을 모두 질책했던 한 사례를 확인했다. 오도넬은 이전측에서 생략하였다.

1990년에 엡스타인은 트럼프가 1985년에 구입한 Mar-a-Lago에서 북쪽으로 2마일 떨어진 곳에 저택을 샀다. 1992년에 트럼프는 NBC를 초대하여 Mar-a-Lago에서 자신과 엡스타인을 위해 열었던 파티를 촬영했고, 그곳에서 그들은 다양한 NFL 치어리더들과 함께했다. NBC 영상 속 트럼프는 Mar-a-Lago 파티에서 엡스타인의 귀에 속삭이는 모습이 촬영되었는데, 엡스타인은 웃음을 터뜨리고 있다. NBC 뉴스는 2019년 7월 트럼프와 엡스타인, 치어리더들이 나오는 파티영상을 공개했다. 영상 중 한 지점에서 트럼프는 엡스타인에게 "저기 저 여자 좀 봐 … 섹시해." 라고 말하는 것처럼 보인다.

〈엡스타인에게 귓속말 하는 트럼프〉

또한 1992년 플로리다 사업가 조지 호라니(George Houraney)는 트럼프의 요청에 따라 자신이 "소녀"라고 묘사한 28명을 자신의 부지로 데려와 트럼프와 엡스타인을 위한 비공개 "캘린더 걸" 행사를 주최했다. 1997년 질 하스(Jill Harth)는 트럼프가 자신을 침실로 데려가 강제로 키스하고 만지고 나가지 못하게 막았다고 주장한 "캘린더 걸 경연 대회"에서의 트럼프에 대한 성적 부정행위 소송을 취하했다.

8.4 1993

모델 스테이시 윌리엄스(Stacey Williams)는 1993년 트럼프타워에 도착했을 때 트럼프와 엡스타인이 미소를 교환하며 자신에게 손을 댔다고 말했다. 그녀는 2024년 가디언(The Guardian)과의 인터뷰에서 "그때 트럼프와 엡스타인이 정말, 정말 친한 친구 사이이며 많은 시간을 함께 보냈다는 것이 분명해졌습니다."라고 말했다. 그녀는 이 사건을 트럼프와 엡스타인 사이의 "뒤틀린 게임(twisted game)"이라고 묘사했다.

엡스타인은 1993년 플라자호텔(Plaza Hotel)에서 있었던 트럼프와 그 둘째 부인 말라 메이플스(Marla Maples)와의 결혼식에 참석했다. 그해 말 엡스타인은 트럼프 및 그의 자녀들과 함께 할리 데이비슨카페(Harley-Davidson Cafe)에 갔다. 두 사람의 만남을 담은 사진도 있다.

〈트럼프의 두 번째 결혼식에 참석한 엡스타인〉

8.5 1994년-2000년

2021년에 공개된 로리타 익스프레스 비행기록에 따르면 트럼프는 1993년부터 1997년까지 엡스타인의 개인 비행기를 7번이나 탔다. 엡스타인에 따르면 트럼프는 자신의 개인제트기 안에서 현재 부인 멜라니아와 처음으로 성관계를 가졌다.

〈엡스타인의 로리타 익스프레스〉

엡스타인과 맥스웰을 사법기관에 처음으로 신고한 마리아 파머(Maria Farmer)는 1995년 늦은 밤 엡스타인의 맨해튼 사무실에서 트럼프를 만났다. 당시 파머는 20대 중반이었는데 트럼프가 자신을 위협적으로 노려보았다고 묘사했지만, 엡스타인이 방에 들어와 "아니, 아니.

그녀는 널 위해 여기 있는 게 아니야."라고 경고했다. 트럼프와 엡스타인은 방을 나갔고, 파머는 트럼프가 파머를 십 대라고 생각했다고 말하는 것을 우연히 들었다.

1997년 트럼프는 자신의 책 '트럼프: 컴백의 기술(Trump: The Art of the Comeback)'의 사본을 엡스타인에게 헌정하면서 "당신은 최고입니다!"라고 썼다.

엡스타인과 트럼프는 1997년 빅토리아 시크릿 엔젤스(Victoria's Secret Angels)의 Mar-a-Lago 행사에서 함께 사진이 찍혔고, 1999년 뉴욕의 빅토리아 시크릿 패션쇼에서 엡스타인과 트럼프가 대화를 나누는 영상이 있다. 2000년에는 트럼프와 멜라니아가 엡스타인과 맥스웰과 함께 사진에 담겼다.

트럼프의 이름은 부분적으로 삭제된 엡스타인의 연락처 "블랙북(black book)"에 등재되어 있었다. 그의 이름은 2024년에 공개된 엡스타인과 관련된 여러 법원문서에도 등장했다. 트럼프는 어떤 문서에서도 어떤 범죄 혐의를 받지 않았다.

8.6 2000년 버지니아 쥬프레 관련

10대 시절의 쥬프레는 마라라고 스파에서 라커룸 관리인으로 일했는데, 거기서 맥스웰을 만났고 맥스웰은 그녀를 엡스타인의 마사지사로 영입했다. 트럼프는 2025년 7월 28일 기자들에게 다음과 같이 말했다. "수년 동안 저는 제프리 엡스타인과 이야기하지 않았습니다. 그가 부적절한 짓을 했기 때문입니다. 그는 다른 사람을 고용했고 저는 '다시는 그런 짓 하지 마'라고 말했습니다. 그는 제 밑에서 일하던 사람들을 훔쳤습니다. 저는 '다시는 그런 짓 하지 마'라고 말했습니다. 그리고 그는 또 그런 짓을 했습니다. 그래서 저는 그를 그 자리에서 쫓아냈습니다. 페르소나 논 그라타(Persona non grata, 은밀한 인물)였습니다. 저는 그를 쫓아냈고 그게 전부였습니다."

다음 날 트럼프는 기자들이 그 근로자들 중에 "젊은 여성"이 있는지, 그리고 쥬프레가 포함되었는지 물었을 때 그렇다고 대답했다. "모두가 납치된 사람들을 알고 있고… 제 밑에서 일하는 사람들을 납치하는 건 나쁜 짓이에요… 맞아요, 그들은 [젊은 여성들]이었어요… [근로자들]은 그[엡스타인]가 고용한 [마라라고] 스파에서 끌려나갔어요… 저는 그에게 말했어요. '들어보세요, 우리는 당신이 스파든 아니든 우리 사람들을 데려가는 걸 원치 않아요. 그가 사람들을 데려가는 걸 원치 않아요.'라고요. 그리고 그는 괜찮았어요. 그리고 얼마 지나지 않아 그는 다시 그랬고 저는 '여기서 나가'라고 말했어요… 맞아요. 그는 그녀[쥬프레]를 납치했어요. 그리고 아시다시피 그녀는 우리에 대해 아무런 불만도 없었거든요."

2000년에 엡스타인이 쥬프레를 고용한 지 "얼마 지나지 않아" 트럼프가 엡스타인을 클럽에서 추방했다고 2025년에 회상했음에도 불구하고 엡스타인은 2007년까지 마라라고의 회원으로 남아있었다. 쥬프레의 가족은 충격을 받았고 트럼프의 발언은 그가 언제 무엇을 알았는지에 대한 의문을 제기했으며, 트럼프를 포함해 엡스타인의 주변 인물은 누구든 조사를 받아야 한다고 거듭 강조했다.

8.7 2000년대 초반

2002년 뉴욕 매거진과의 인터뷰에서 트럼프는 "저는 제프를 15년 동안 알고 지냈습니다. 정말 멋진 사람입니다."라고 말했다. 그는 또한 "그와 함께 있으면 정말 즐거운 사람입니다. 심지어 그도 저만큼 아름다운 여성을 좋아한다고 하며, 그들 중 많은 수가 어린 편입니다."라고 말했다.

월스트리트 저널에 따르면 2003년 트럼프는 엡스타인에게 생일 축하 편지를 보냈는데, 편지에는 나체 여성의 그림이 포함되어 있었다. 이 편지는 엡스타인의 공범인 맥스웰이 2006년 이전 어느 시점에 가죽 장정 사진앨범을 위해 수집한 것으로 수년 전 엡스타인과 맥스웰을 조사했던 법무부가 조사한 문서 중 하나였다. 트럼프의 서명이 있는 이 편지에는 두꺼운 마커를 이용해 그린 것으로 보이는 나체 여성의 윤곽을 중심으로 여러 줄의 타이핑된 텍스트가 포함되어 있었다. 월스트리트 저널은 여성의 허리 아래에 있는 트럼프의 "구불구불한(squiggly)" 서명이 음모를 흉내 낸 것이라고 설명했다. 저널에 따르면 이 편지에는 트럼프가 엡스타인에게 "우리에겐 공통점이 있어, 제프리"라고 말하고 엡스타인이 "그래, 생각해 보니 그렇지."라고 대답하는 상상의 대화가 포함되어 있었다. 대화는 트럼프가 "친구는 멋진 존재입니다. 생일 축하합니다. 매일이 멋진 비밀이 되기를 바랍니다."라고 말하며 끝난다. 트럼프는 즉시 편지를 썼다는 사실을 부인하며 명예훼손으로 저널을 고소했다. 하원 감독위원회(House Oversight Committee)의 민주당원들은 이 설명과 일치하는 편지를 공개했는데 트럼프가 서명한 것으로 보인다. 생일축하 책 전체가 다음 날 공개되었다.

8.8 2000년대 중반, 경매 탈락 후

2004년 트럼프와 엡스타인은 압류경매에서 Maison de L'Amitie를 사기 위해 경쟁했는데, 트럼프는 엡스타인보다 높은 가격을 제시하여 집을 개조한 후 4년 후에 이익을 내어 판매했다. 일부 언론보도에서는 이 입찰 경쟁으로 트럼프와 엡스타인과의 우정이 끝난 것으로 묘사했으며, 전화기록에 따르면 두 사람은 그 사건 이후 연락을 끊었다. 엡스타인이 2019년에 체포될 당시 트럼프는 이 입찰로 인해 엡스타인과의 우정이 끝났다고는 확답하지 않았다.

엡스타인은 2005년 4월 미성년 소녀를 성적 목적으로 유인한 혐의로 팜비치 경찰의 조사를 받았고, 2006년 6월 대배심은 엡스타인을 매춘혐의로 기소했다. FBI는 2006년 7월에 수사를 시작했고 미국 검찰청은 2007년 6월에 기소했다. 엡스타인은 2008년 6월에 유죄를 인정했지만 이 (연방차원 혐의에의 불기소) 변론협상(NPA)은 검찰관 알렉산더 아코스타(Alexander Acosta)가 승인했는데, 아코스타는 10년 후 트럼프에 의해 제1기 트럼프 행정부 노동부장관으로 임명되었다 .

8.9 2007년 엡스타인의 마라라고 출입 금지

2007년 엡스타인이 Mar-a-Lago 다른 회원의 십대 딸을 성희롱했다는 소문이 돌자 트럼프는 엡스타인의 Mar-a-Lago 회원자격을 박탈했다. 그 소녀는 스파에서 마사지사로 일하고 있었는데, 2016년 책 'Filthy Rich'는 그 십대소녀가 "Mar-a-Lago에서 휴식을 취하는 동안 엡스타인의 집에 접근하여 초대를 받았다"고 아버지에게 말했다고 자세히 설명했다. "소녀는 자신이 직접 갔고 엡스타인이 그녀에게 옷을 벗으라고 했다"고 말했다. 소녀의 아버지는 트럼프에게 직접 갔고 트럼프는 분명한 어조로 엡스타인에게 Mar-a-Lago에 들어갈 수 없다고 말했다. 2020년 책 'The Grifter's Club'에 따르면 Mar-a-Lago의 등록부 상 엡스타인은 2007년 10월까지 회원이었다. 뉴욕타임스는 트럼프가 동료들에게 동일한 설명을 했으며 2009년에 엡스타인의 여러 피해자들의 변호사인 브래드 에드워즈(Brad Edwards)가 트럼프로부터 비슷한 내용을 들었다고 보도했다.

연방하원 마이크 존슨(Mike Johnson) 의장은 2025년 9월 4일 CNN과의 인터뷰에서 "트럼프가 처음 그 소문을 들었을 때 그를 마라라고에서 쫓아냈습니다. 그는 이 사건을 파헤치려는 FBI 정보원이었습니다."라고 말했다. 이후 9월 7일 존슨은 자신의 주장을 철회했다.

8.10 엡스타인이 2008년에 유죄 판결을 받은 후

2015년 트럼프의 자문위원 로저 스톤(Roger Stone)이 출간한 '클린턴의 여성에 대한 전쟁(The Clintons' War on Women)'에서 엡스타인이 팜비치 수영장에 "아름다운 젊은 여성들"을 두고 있다고 트럼프가 말한 것을 기억하는 마라라고 회원의 말을 인용했다. 트럼프는 "'엡스타인이 동네 아이들에게 수영장을 쓰게 해줘서 얼마나 좋은가'라고 생각했다"라고 말한 것으로 알려졌다.

2016년 4월 "케이티 존슨(Katie Johnson)"이라는 가명을 사용한 익명의 여성이 캘리포니아에서 소송을 제기했는데, 1994년 엡스타인의 맨해튼 자택에서 열린 미성년자 섹스파티에서 트럼프와 엡스타인이 자신을 강제로 강간했다고 주장하는 내용으로 그 다음 달 기각되었다. 6

월에는 "제인 도(Jane Doe)'와 다른 여성이 뉴욕에서 두 번째 소송을 제기했는데, 그녀는 자신이 13세였을 때 1994년 네 번의 파티에서 트럼프와 엡스타인에게 강간과 성폭행을 당했다고 주장했다. 이 소송은 9월에 재제기되었고, 11월 2일 도는 리사 블룸(Lisa Bloom) 사무실 기자회견에 참석할 예정이었지만 갑자기 취소했다. 블룸은 제인 도에게 여러 차례 위협이 있었다고 말했다. 그리고 이 소송은 이틀 후 취하되었다.

트럼프 전기작가 마이클 울프(Michael Wolff)가 2017년에 녹음하여 2024년에 출판한 테이프에서 엡스타인은 자신이 트럼프의 "10년 동안 가장 친한 친구"였다고 말했다. 그는 또한 트럼프 1기 행정부를 비판하며 트럼프를 "가장 친한 친구, 가장 친한 친구의 아내, 그리고 신뢰를 얻으려는 사람에게도 못된 짓을 저지르고 그 신뢰를 이용해 나쁜 짓을 저지르는 끔찍한 인간"이라고 비난했다.

2019년 엡스타인이 성매매혐의로 체포된 후 트럼프는 엡스타인과는 최근 15년 동안 접촉하지 않았다고 밝혔다. 이후 엡스타인의 구금 중 사망을 둘러싼 음모론을 퍼뜨렸다. 그해 말 쥬프레에게 성적 학대 혐의를 받은 앤드류 마운트배튼 윈저 (당시 요크 공작 앤드류 왕자로 알려짐)에 대한 광범위한 비판이 쏟아지자, 트럼프는 여러 출처와 사진증거를 통해 두 사람이 여러 차례 만났음에도 불구하고 인터뷰에서 앤드류를 모른다고 주장했다. 2020년 맥스웰의 형사기소와 관련하여 트럼프는 "그녀가 잘 되기를 바랍니다. 그녀에게 나쁜 일이 일어나기를 바라지 않습니다."라고 말했다. 트럼프는 이후 맥스웰에게 "많은 사람들이 잘

되기를 바랍니다. 행운을 빕니다. 누군가 유죄임을 증명하게 해주세요."라고 말하며 자신의 바람을 다시 한번 강조했다.

월스트리트 저널이 2023년에 검토한 문서에 따르면 엡스타인은 2016년에 트럼프 측근인 토마스 버락(Thomas Barrack)과 피터 티엘(Peter Thiel)을 만나려고 시도했다.

8.11 생일 책 공개

2025년 9월 연방하원 감독위원회는 맥스웰이 엡스타인의 50번째 생일을 위해 만든 2003년 생일기념 앨범인 'The First Fifty Years'를 공개했다. 앨범에는 트럼프가 서명한 것으로 추정되는 메모가 포함되어 있었고 그림과 타자로 친 메시지가 적혀 있었다. 트럼프는 메모를 쓰거나 서명한 적이 없다고 부인했고 그의 법률팀은 메모의 진위성에 이의를 제기했다. 공개보도에서는 이 논란의 메모가 트럼프와 엡스타인과의 과거관계에 대한 대중과 언론의 관심을 다시 불러일으켰다고 설명했다.

이 책은 또한 엡스타인과의 관계에 대한 광범위한 비판에 따라 피터 맨델슨(Peter Mandelson) 주미 영국대사의 해임을 초래했다. 이 스캔들은 트럼프의 영국 국빈방문 직전에 시작되어 트럼프를 외교적 곤경을 빠뜨렸으며, 그의 측근들은 엡스타인과의 연루로 인한 맨델슨 대사의 해임이 트럼프 자신의 과거관계에 대한 부정적인 관심을 불러일으킬 수 있다는 점을 우려한 것으로 알려졌다. 백악관 논의에 정통한 한 소식통은 트럼프 측근들이 엡스타인 스캔들이 다시 불거질 가능성에 대해 "불안해" 했으며, 맨델슨 대사의 해임이 영국 국빈방문의 그늘을 드리울까 우려했다고 전했다. 가디언은 트럼프가 엡스타인과의 명확한 연루관계를 가지고 있기 때문에 맨델슨과 엡스타인과의 관계를 둘러싼 스캔들만큼 "재론하고 싶지 않은 주제는 없다"고 지적했다. 국빈방문 중 주위가 산만해지는 것을 피하는 것을 최우선으로 여겼던 트럼프에게 이 논란은 "특히 어색한" 시기에 찾아왔다.

2025년 9월 18일 영국에서 열린 기자회견에서 트럼프는 맨델슨을 여러 차례 만났지만 누구인지 모른다고 주장했다. 트럼프는 대사직에서 해임된 후 맨델슨에게 동정심을 느끼느냐는 질문에 "사실 저는 그를 모릅니다."라고 답하며, 이는 영국 총리의 선택이라고 덧붙이며 키어 스타머(Keir Starmer)가 이 문제에 대해 더 잘 말할 수 있는 인물이라고 말했다. 트럼프 대통령이 맨델슨을 모른다고 주장했지만 여러 출처와 사진증거에 따르면 두 사람은 여러 차례 만났다. 2025년 5월 맨델슨은 미-영 무역 프레임워크 발표 당시 트럼프와 함께 백악관 집무실에 선 사진에는 두 사람이 악수하고 함께 웃는 모습이 포착되었다. 맨델슨에 따르면 트럼프는 한 백악관 집무실 회의에서 자신의 "아름다운 억양"에 대해 언급했다. 또한 맨델슨은 트럼프로 부터 "피터, 잘했어요!"라고 적힌 서명이 담긴 쪽지를 받았다.

8.12 엡스타인-트럼프 관계 해설

맥스웰의 2021년 재판 동안 미성년자 시절 맥스웰에게 성적 유인(troughing)을 당했다고 주장한 한 여성은 엡스타인이 14세 때 자신을 트럼프에게 소개했다고 증언했다. 그녀는 트럼프가 불법적인 행동을 했다고 비난하지는 않았고 자신이 그에게 소개된 이유도 설명하지 않았다.

일론 머스크는 2025년 6월 "트럼프가 엡스타인 관련 파일에 있다. 그것이 그 파일이 공개되지 않은 진짜 이유다"라고 트윗했다. 그는 곧 해당 게시물을 삭제하며 "너무 심했다"고 말했다.

트럼프와 엡스타인과의 관계는 트럼프가 2024년 대선 기간 동안 엡스타인과 관련된 파일을 공개하겠다고 약속했음에도 불구하고 트럼프 행정부가 엡스타인과 관련된 파일을 공개하기를 꺼려 했기 때문에 2025년에 상당한 언론의 주목을 받았다. 트럼프는 이 결정으로 인해 언론과 대중, 심지어 많은 지지자들로부터 상당한 반발을 초래했다. 트럼프가 엡스타인과 거리를 두고 그들과의 연관성을 축소하려고 시도했지만, MAGA 운동의 가장 열렬한 지지자 중 일부는 엡스타인 관련 파일의 공개를 요구하는 목소리가 점점 키웠고 이로인해 그의 지지기반 내에서 눈에 띄는 균열이 발생했다.

법무장관 팸 본디(Pam Bondi)와 여타 트럼프 행정부 관리들이 수개월 동안 엡스타인의 성매매 작전에 대한 FBI 수사기록에서 선동적인 정보("제프리 엡스타인 고객 목록")가 곧 공개될 것이라고 암시해 온 후 본디는 2025년 7월 공개된 메모에서 엡스타인이 그러한 목록을 가지고 있었다는 증거도 없고 저명인사들을 협박했다는 증거도 없다고 밝혔다. 이 메모는 또한 엡스타인이 구금 중 자살했다는 사실도 확인했다. 이 발표는 엡스타인이 "대부분 민주당원인 유력 인사와 유명인으로 구성된 음모 집단"의 중심에 있으며 정부가 이를 은폐했다는 음모론을 믿었던 트럼프의 가장 열렬한 지지자들 사이에서 큰 소동을 일으켰다. 소셜 미디어 게시물에서 트럼프는 파일 공개에 대한 지속적인 요구는 민주당의 사기이며 공개를 촉구하는 그의 지지자들은 "어리석고", "어리석은", "과거 지지자"라고 말했다.

2024년 엡스타인의 동생 마크는 엡스타인과 트럼프와의 우정이 왜 끝났는지 모르겠다고 말했다. 그는 녹음 테이프에서 "트럼프가 사기꾼이라는 것을 깨닫고 트럼프와 어울리기를 그만뒀다"고 엡스타인이 말했다고 주장했다. 2025년 7월 마크 엡스타인은 두 사람의 친밀함을 강조하는 추가발언을 하며, 트럼프가 "트럼프의 팬이 아니었다"고 주장한 것과 트럼프의 핵심 선거참모 스티븐 청(Steven Cheung)이 "대통령은 엡스타인의 사무실에 없었다"고 한 발언을 반박했다. 이는 엡스타인의 피해자 중 한 명이 1995년 제프리의 사무실에서 트럼프와 "불쾌한" 만남을 가졌다고 주장한 것과 관련이 있다. 마크는 또한 2006년까지는 그의 형의 범죄에 대해 아무것도 몰랐다고 주장했다.

법무부 부장관 토드 블랜치(Deputy Attorney General Todd Blanche)는 2025년 7월 24일과 25일 탤러해시에 있는 검찰청에서 맥스웰을 만났는데, 맥스웰은 블랜치에게 (한 달 후 공개된 녹취록에 따르면) 트럼프와 엡스타인은 "친한 친구"가 아니라고 말했다(엡스타인이 이전에 트럼프의 가장 친한 친구라고 말한 것과 모순). 그리고 그녀는 빌 클린턴이 엡스타인의 섬인 리틀 세인트 제임스에 "절대 가지 않았다"고 "확신"한다고 말했다. "나는 그가 엡스타인과 독립적인 우정을 가졌다고 믿지 않는다."

2025년 9월 23일 트럼프와 엡스타인의 동상인 "영원한 최고의 친구(Best Friends Forever, Why Can't We Be Friends?)"라는 조형물이 워싱턴 D.C. 시내 내셔널 몰(National Mall)에 잠시 설치되었다. "비밀의 악수(The Secret Handshake)"라는 익명의 예술단체가 제작한 이 조각상은 트럼프와 엡스타인과의 관계 및 트럼프의 성추행 혐의에 항의하는 의미로 제작되었다. 이 조각상은 9월 28일까지 전시허가를 받았으나 설치 후 24시간 만에 미국 공원경찰에 의해 철거되었지만 10월 2일 다시 설치되었다고 보도되었다.

8.13 엡스타인-트럼프 관계 노트

비행기록에는 "도널드 트럼프"가 나열된 8개 항목이 포함되어 있으며 날짜는 1993년 4월 23일, 1993년 10월 11일, 1993년 10월 17일,

1994년 5월 15일, 1995년 8월 13일, 1997년 1월 5일이다. 그러나 1994년 5월 15일에 대해서는 두 개의 항목이 나열되어 있는데, 팜비치 국제공항에서 레이건 국립공항으로 가는 항공편과 레이건 국립공항에서 테터보로 공항으로 가는 또 다른 항공편이다. 따라서 일부 매체는 두 항목을 경유 항공편으로 간주하는지 아니면 두 개의 별도 항공편으로 간주하는지에 따라 항공편 수를 7개 또는 8개로 보고했다.

마이클 울프는 그의 저서 'Siege: Trump Under Fire'에서 엡스타인(이전 저서 'Fire and Fury'에서도 인터뷰했던 사람)이 트럼프가 "부동산 거래에서 자신의 이름을 빌려줬다는 것을 알고 있었다. 즉, 트럼프는 충분한 수수료를 받고 부동산 거래에서 실제 소유권을 위장하기 위해 앞잡이 역할을 했다"고 주장한다. 그래서 경매에서 패한 후 "분노한 엡스타인은 트럼프가 단지 진짜 소유자를 위해 앞잡이 역할을 했을 뿐이라고 확신하고 거래를 폭로하겠다고 위협했다는 것이다. (...) 하지만 엡스타인이 트럼프의 비밀 중 일부를 알고 있었다면 트럼프는 엡스타인의 비밀 중 일부를 알고 있었다. (...) 두 친구 사이의 적대감이 집 구매를 둘러싸고 커지면서 엡스타인은 팜비치 경찰의 조사를 받게 되었다." 울프는 2025년 7월 인스타그램에 게시한 영상에서 트럼프의 저택구매가 자금세탁 작전일 가능성이 높고 엡스타인은 트럼프가 경찰에 자신을 밀고했다고 믿었다는 주장을 반복했다.

9. 엡스타인의 주변 인물

9.1 도날드 트럼프

〈2025년 트럼프의 공식 초상화〉

본서의 앞 부분에서 충분히 나왔듯 엡스타인 주변인물로서 가장 중요한 의의를 갖는 사람은 그 누구도 아닌 바로 트럼프다. 트럼프가 1985년 플로리다 팜비치에 마라라고를 구입하여 엡스타인의 이웃이 될 때부터 시작된 두 사람의 관계는 2000년께 엡스타인이 마라라고 안마사였던 쥬프레를 스카웃하면서 위험해졌고 2004년 팜비치 맨션 경매에서 트럼프가 승리하면서 엡스타인이 관계를 절연해 사실상 종말에 이른다. 엡스타인은 트럼프의 두 번째 결혼식에도 참석했고 현 부인과도 연결했다. 트럼프는 엡스타인의 개인 비행기를 여러차례 이용했고, 공식 확인은 안되었지만 리틀 세인트 제임스에도 방문한 것으로 보인다.

2024년 대선 때 트럼프는 엡스타인과의 관계를 전부 밝히겠다고 공언했지만 법무부를 통해 발표한 게 사실 상 전부고, 공개된 여러 리스트에서도 삭제된 이름이 거의 트럼프인 것으로 지목되는 데다 언론과 무수한 익명 제보자에 의해 사진들과 동영상 등이 마구 배포되면서 지지세력인 MAGA 등으로부터의 공격을 받아 난처한 입장을 찰리 커크 암살 사건으로 희석하려 한다는 풍문까지 돌고 있는 지경이다.

또한 생존자인 엡스타인의 공범 맥스웰을 회유하려 특사 얘기도 돌고 맥스웰은 화답이라도 하듯 특별히 트럼프에 대해서는 일체의 언급을 극도로 조심하고 있다. 무엇보다 엡스타인 사망 음모설을 퍼뜨리며 공화당을 통해 연방의회의 엡스타인 게이트 청문회에 클린턴 부부 등 민주당 인사들을 주요 증인으로 부르면서 책임회피에 여념이 없다. 엡스타인의 제1차 기소를 연방 수준에서 배제한 불기소협정의 주인공인 알렉산더 아코스타를 제1기 행정부에서 노동장관으로 임명하고, 엡스타인의 제1차 기소 당시 플로리다주 법무장관이었던 팸 본디를 제2기 현 행정부의 법무장관으로 임명한 것도 석연치 않다.

9.2 기슬레인 맥스웰

〈맥스웰의 머그샷 사진〉

기슬레인 노엘 매리언 맥스웰(Ghislaine Noelle Marion Maxwell, 1961~)은 영국-프랑스계 미국인 사교계 명사였으며, 2021년 엡스타인과 관련하여 아동 성매매 및 기타 범죄로 유죄 판결을 받아 2022년 뉴욕 연방법원에서 20년의 징역형을 선고받아 복역중에 있다.

프랑스에서 출생하고 영국 옥스퍼드에서 성장하여 옥스퍼드 베일리얼 칼리지(Balliol College) 졸업 후 런던 사교계의 저명한 일원이 되었다. 저명한 영국 언론 재벌 아버지 로버트 맥스웰(Ian Robert Maxwell)이 사망할 때까지 그 밑에서 일한 후 뉴욕으로 이사하여 사교계 명사로서 엡스타인과 관계를 맺었다. 2012년 해양 보호를 위한 비영리 단체인 TerraMar Project를 설립하여 활동하다가 2019년 7월 검찰이 엡스타인에 대해 성적 인신매매 혐의를 제기한 후 같은 달에 조직은 운영 중단을 발표했다. 귀화한 미국 시민이며 프랑스와 영국 시민권을 모두 보유하고 있다.

맥스웰은 2020년 7월 미국 연방정부에 의해 엡스타인과 관련하여 미성년자 유인 및 미성년자 성적 인신매매 혐의로 체포되어 기소되었는데, 엡스타인의 모집책 역할을 했다. 도주 위험이 있어 보석이 거부되었고, 판사는 그녀의 "완전히 불투명한" 재정, 숨어 사는 능력에 우려를 표했다. 2021년 12월에 미성년자 성적 인신매매 혐의를 포함하여 6가지 혐의 중 5가지에 대해 유죄 판결을 받고 복역 중이다. 검찰은 30년형 이상을 구형했고 2022년 6월 징역 20년을 선고받았다. 2022년 7월 브루클린의 메트로폴리탄 구금센터(Metropolitan Detention Center)에서 플로리다주 탤러해시의 연방 교정 기관(Federal Correction Institution, Tallahassee)에 있는 여성 수감자를 위한 저보안 연방 교도소로 이감되었다. 이후 트럼프 대통령은 맥스웰에 대한 특별사면 가능성을 언급했고 맥스웰도 트럼프에 대한 언급을 극도로 자제하고 있다. 또 10월 21일에 출간된 쥬프레의 회고록에서 맥스웰이 유명 배우 조지 클루니와 함께 잠을 잔 것을 매우 자랑했다고 밝혀서 클루니가 해명하는 해프닝까지 있었다.

엡스타인과의 첫 만남에 대해서는 유대인인 기슬레인의 아버지 로버트(Robert) 맥스웰이 1980년대 말 사업상 엡스타인과 소개시켰다고도 하고 1990년대 초 연인으로 처음 만났다는 주장도 있다. 초창기에는 같은 유대인으로서 연인관계였으며 이후에도 가장 가까운 비서이자 집사, 연소자 모집책 등 모든 역할을 담당했다. 트럼프 대통령과 클린턴 전대통령, 앤드류 왕자, 앨런 더쇼위츠 하버드 교수 등을 엡스타인에게 소개한 것으로 알려졌다. 특히 앤드류 왕자와는 매우 일찍부터 가까운 사이였다. 엡스타인 스캔들의 공론화를 주도한 쥬프레와 사라 랜섬(Sarah Ransome), 마리아와 애니 파머(Maria & Annie Farmer) 자매, 가명의 제인 도(Jane Doe) 등에 의해 민사소송을 당하는 등 모두 9건의 소송을 당하고 있다.

2025. 8. 22 미 법무부(DOJ) 토드 블랜치(Todd Blanche) 부장관이 지난 7월 맥스웰과의 9시간에 걸친 인터뷰 녹취록과 음성파일 전문을 공개했다. 그녀는 그간 꾸준하고 체계적으로 제기되어 온 엡스타인과 트럼프와의 연관성에 대한 일체의 의혹을 일축했다. 맥스웰은 9시간 동안 일관되게 "모든 주장이 허구"라고 강조했다. 세간에 떠도는 엡

스타인의 '고객 명단'이나 유력인사 협박시도도 없었다고 주장했다. 그러나 블랜치 부장관이 트럼프 전 대통령의 변호인 출신이라는 점에서 정치적 논란이 맞물리고 있다.

블랜치 부장관은 맥스웰에게 면책특권을 주는 조건으로 인터뷰를 진행했다. 허위 진술을 하면 위증죄로 기소될 수 있다는 조건이었다. 맥스웰은 인터뷰 내내 협조적인 태도를 보였다. 맥스웰은 트럼프 대통령을 두고 "어떤 부적절한 상황에 있는 것을 어떤 식으로든 목격한 적이 없다"며 "그는 누구에게도 부적절하게 군 적이 없으며, 내가 함께했던 시간 동안 모든 면에서 신사였다"고 거듭 강조했다. 그는 엡스타인을 만나기 전인 1990년대에 아버지를 통해 트럼프를 먼저 알았다고 밝혔으며, "트럼프는 항상 내게 매우 정중하고 친절했다. 나는 그를 좋아했고, 지금도 그렇다"고 덧붙였다. 또한 트럼프가 마사지나 그와 얽힌 부적절한 행동을 했다는 말을 들어본 적이 있냐는 질문에는 "어떤 맥락에서도 그런 일은 절대 없었다(AbSOLutely never, in any context)"고 잘라 말했으며, 대통령이 된 그의 성취를 높이 평가한다고도 밝혔다.

특히 맥스웰은 엡스타인 사건의 핵심의혹으로 꼽혔던 '고객 명단'과 '협박설'을 모두 부인했다. 그는 엡스타인이 유력인사들에게 미성년자를 성적으로 공급했다는 '고객 명단'은 존재하지 않으며, "누군가 만들어낸 이야기가 눈덩이처럼 불어난 현대판 살렘 마녀사냥"이라고 주장했다. 다만 엡스타인을 두고는 "어린 아이들에게 끔찍한 짓을 한 역겨운 사람"이라고 평가했다. 미 법무부와 연방수사국(FBI) 역시 지난 7

월 관련 메모에서 추가 범죄 증거가 없다고 결론 내린 바 있다.

엡스타인의 죽음을 두고도 새로운 주장을 내놨다. 2019년 엡스타인이 뉴욕 맨해튼 감옥에서 스스로 목숨을 끊었다는 공식 발표를 믿지 않는다며, 외부 세력에 따른 암살이 아닌 "내부 소행"일 가능성이 높다고 말했다. "만약 누군가 협박을 우려해 그를 제거하려 했다면, 그가 감옥에 가기 전에도 기회는 많았다. 그는 아주 쉬운 표적이었을 것"이라고 그 근거를 제시했다.

엡스타인 피해자 쪽은 맥스웰의 진술에 즉각 반발했다. 한 피해자 변호인은 "위증죄로 기소된 전력이 있는 인물"이라며 "트럼프 대통령의 사면을 바라고 하는 증언에 신빙성을 갖기 어렵다"고 비판했다. 트럼프 대통령의 사면가능성을 염두에 둔, 자신을 구하기 위한 발언이라는 지적이다. 반면 맥스웰 변호인은 "맥스웰은 어떤 질문도 피하지 않았다"며 "진실을 밝히려는 법무부와 대통령의 노력에 감사한다"고 말했다.

빌 클린턴 전 대통령과의 관계를 두고는 "클린턴은 엡스타인의 친구가 아니라 내 친구였다"고 선을 그었다. 클린턴이 엡스타인을 '비행기를 가진 부자' 정도로 여겼을 뿐이라며, 2002년이나 2003년 엡스타인의 비행기를 이용해 클린턴과 함께 중남미를 다녀온 일화를 소개하기도 했다. 클린턴 전 대통령이 엡스타인의 버진아일랜드 개인 섬에 방문했다는 의혹은 "절대 간 적 없다"고 단언했다.

맥스웰은 이 인터뷰에서 트럼프, 클린턴 등 핵심 인물들의 범죄 혐의나 부적절한 행위를 목격한 바 없다고 일관되게 주장했다. 트럼프 대통령은 엡스타인 관련문서 비공개 논란을 "야당의 음모"로 보고 있으나, 민주당은 물론 공화당 일부에서도 파일의 전면공개를 요구하는 목소리는 최근 공화당 의원들 거의 전원의 찬성에 힘입은 공개법률의 압도적 하원 통과 등으로 확산일로에 있다. 법무부가 투명성 확보를 내세워 인터뷰 전문을 공개했지만, 오히려 트럼프와의 관계나 사면 논의 가능성 같은 다른 의혹만 키우면서 논란은 당분간 가라앉지 않을 전망이다.

〈버지니아 쥬프레〉

9.3 버지니아 쥬프레

Virginia Louise Giuffre(결혼 전 성은 Roberts, 1983~2025년 4월 25일)는 성매매 생존자를 위한 미국인이자 호주인으로 엡스타인의 가장 유명한 고발자 중 한 명이다. 2015년 엡스타인 스캔들 생존자를 지원하는 미국 비영리 단체인 Victims Refuse Silence를 설립하여 2021년 Speak Out, Act, Reclaim(SOAR)으로 재출범시켰다. 엡스타인과 기슬레인 맥스웰에게 성매매를 당한 사실에 대해 수많은 미국인과 영국인 기자들에게 자세한 설명을 제공했다.

엡스타인과 맥스웰을 상대로 형사 및 민사소송을 진행하면서 정의와 인식을 대중에게 직접 호소했는데, 2015년 맥스웰을 명예훼손으로 고소한 사건은 2017년에 비공개 금액으로 합의하였다. 2019년 제2순회 미국 항소법원은 맥스웰에 대한 쥬프레의 민사소송 문서를 공개하라고 명령하여 첫 번째 문서가 2019년 8월 9일에 공개됨으로써 엡스타인과 맥스웰 이외 추가적인 공범들이 공개되었다. 바로 그 다음 날 엡스타인이 사망하였다.

2019년 12월 BBC 파노라마 인터뷰에서 엡스타인이 US $15K로 앤드류 왕자에게 인신매매를 했다고 폭로하여 여론이 왕자에 대한 반대 여론으로 바뀌었고 나중에 뉴욕 민사법원에서 앤드류 왕자를 고소했다. 그 소송은 2022년 2월 합의에 도달하여 앤드류 왕자는 쥬프레와 그의 단체에 공개되지 않은 금액을 지불하고 기부했다. 결혼 이후 남편을 따라 호주와 미국을 거쳐 다시 호주 퍼스(Perth)에서 살다가 2025년 4월 의문스런 교통사고를 당한 이후 의문스러운 자살로 사망했다. 회고록 Nobody's Girl이 2025년 10월 21일에 전세계적으로 동시 출판되었다.

쥬프레는 캘리포니아주 새크라멘토에서 태어나 4살 때 플로리다주 팜비치로 이사했는데, 엡스타인에게 유인당한 다른 미성년자처럼 매우 불우한 환경에서 성장하였다. 14살부터 아버지의 소개로 트럼프 소유의 팜비치 소재 Mar-a-Lago 리조트에서 일하며 많은 엡스타인 피해자가 다니던 Royal Palm Beach High School(RPBHS)에 다니다가 맥스웰을 만나 엡스타인 저택으로 전직하게 된다. 이후 팜비치를 넘어 뉴욕 저택과 뉴멕시코주 조로목장, 리틀 세인트 제임스섬을 넘어 로리타 익스프레스로 전세계로 보내져 인신매매를 당한다. 특히 런던의 나이트클럽에서 앤드류 왕자를 만나 맥스웰의 지시대로 성적 학대를 당한다. 그 외에도 헤지 펀드 매니저 듀빈(Glenn Dubin), 더쇼비츠(Alan Dershowitz), 정치인 리챠드슨(Bill Richardson), MIT 과학자 민스키(Marvin Minsky), 변호사 미첼(George J. Mitchell), MC2 모델 에이전트 쟝 뤽 브루넬(Jean-Luc Brunel) 등에게 인신매매 당한다.

2002년 쥬프레는 전문 안마사가 되기 위해 향한 태국 치앙마이에서 호주 무술 트레이너인 로버트(Robert Giuffre)를 만나 결혼하고 호주에서 가정을 이루어 두 자녀를 출산하며 조용한 삶을 5년 동안 산다. 그러던 중 2005년 팜비치 경찰이 엡스타인을 수사하기 시작하면서 맥스웰과 엡스타인의 협박에도 불구하고 2010년부터 공개적으로 활동을 시작하여 2014년 Victims Refuse Silence을 등록했는데, 이 단체는 2021년 Speak Out, Act, Reclaim(SOAR)이라는 이름으로 재출범했다. 쥬프레는 2019년 엡스타인이 체포된 형사건에의 영향은 물론 많은 민사소송을 제기했다.

쥬프레는 결혼 이후 두 자녀를 출산한 5년간은 평범한 삶을 살았지만 엡스타인 스캔들에 대한 형사기소 및 민사소송 등 활동에 얽매이면서 이혼하고 아이들과의 면접교섭권도 박탈당하는 등 가정사에 우여곡절을 겪던 중 의문의 교통사고를 당하고 이후 갑작스럽게 자살에 이르는데, 가족들과 BBC는 자살에 대해 의문을 제기하고 있다.

쥬프레는 Savannah Guthrie와 함께 엡스타인 스캔들에 대해 피해자 Anouska De Georgiou, Rachel Benavidez, Jennifer Araoz, Marijke Chartouni 및 Chauntae Davies와 함께 논의하는 'Dateline NBC'의 특별판에 출연하여 "Reckoning"이라는 제목의 이 특별판은 2019년 9월 20일에 방영되었다.

쥬프레는 2019년 11월 10일에 방영된 '60 Minutes Australia'와의 인터뷰에서 2001년에 엡스타인과 맥스웰에 의해 세 번이나 앤드류 왕자와 성관계를 갖기 위해 인신매매된 경험을 설명했다. 첫 번째는 맥스웰의 런던 Belgravia 거주지에서, 두 번째는 엡스타인의 뉴욕 맨션에서, 마지막 사건(여러 소녀와 왕자가 연루됨)은 리틀 세인트 제임스섬에서 있었다.

쥬프레는 2019년 10월 BBC와 인터뷰를 했고 2019년 12월 2일에 방영된 파노라마 특집 "왕자와 엡스타인 스캔들"을 위해 엡스타인에 의한 앤드류와의 성매매 경험을 설명했다. BBC 리포터 Emily Maitlis는 2019년 11월 16일에 방영된 'Newsnight' 인터뷰로 영국의 의견이 널리 바뀌자 앤드류왕자가 여러 조직과 자선 단체로부터 관계가 끊어지면서 2019년 11월 20일에 왕실업무에서 사임했다.

2020년 7월 맥스웰의 연방 기소 이후 쥬프레는 'CBS This Morning'에서 Gayle King의 인터뷰를 받았다. 또 쥬프레 및 엡스타인의 성매매 조직에서 살아남은 다른 생존자들은 2020년 8월 9일 Lifetime에서 초연된 4부작 다큐멘터리 시리즈 'Surviving Jeffrey Epstein'에 출연했다. 쥬프레의 미발표 원고 The Billionaire's Playboy Club은 엡스타인과 에핑거로 확인된 남성과의 경험을 담고 있다. 상업적으로 공개되지 않은 이 원고는 2015년 맥스웰을 상대로한 소송에서 증거로 제출되어 2019년 법원이 문서의 봉인을 해제하면서 공개되었다.

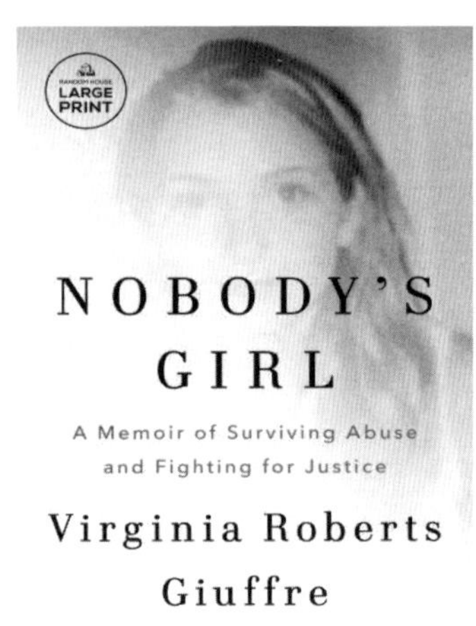

〈쥬프레의 사후 회고록 표지〉

두 번째 회고록인 Nobody's Girl: A Memoir of Surviving Abuse and Fighting for Justice는 2021년부터 저널리스트 Amy Wallace와 공동 집필되어 Alfred A. Knopf에서 2025년 10월 21일에 사후 출판되었다.

9.4 레스 웩스너

〈웩스너 사진〉

Leslie Herbert Wexner(1937~)는 미국의 엄청난 재력가로 소매 기업 Bath & Body Works, Inc. (구 Limited Brands)와 Abercrombie & Fitch, 여성 속옷 전문기업 Victoria's Secret, La Senza 등의 실제 소유주

다. 1987년부터 2007년까지 엡스타인을 자신의 재무관리자로 고용했으며, 처음 엡스타인 자산 관리회사의 "주요 고객" 단계를 지나 거액의 수수료를 정기적으로 송금하고 전용비행기와 뉴욕 저택을 증여하는 등 엡스타인에 의한 블랙메일 대상이었음이 나타난다. US $120million 정도의 자산관리 수수료 및 리틀 세인트 제임스 섬과 뉴멕시코주 조로목장 구입대금을 송금하였고, 보잉 비행기(약 US $10million 상당)와 뉴욕 저택(약 $100million 상당) 등을 무상 증여하였으나 엡스타인 사망 직전인 2019년 8월 엡스타인이 자신의 거액을 횡령했다는 성명을 발표했다. 넷플릭스 다큐멘터리에서 엡스타인과의 만남이 저주였다고 얘기할 정도로 투자와 증여 등 일체가 블랙메일에 의한 갈취였음을 시사한다. 또한 그 다큐멘터리에서 웩스너가 그렇게 비굴했던 게 엡스타인과의 동성애 관계였기 때문이냐는 취조에 대해 엡스타인은 매우 불쾌한 표정으로 답변을 거부하였다.

9.5 앤드류 왕자

앤드류 마운트배튼 윈저(Andrew Mountbatten Windsor, 1960~)는 영국 왕실의 일원으로 엘리자베스 2세 여왕과 에든버러 공작 필립공의 셋째 자녀이자 둘째 아들이며, 국왕 찰스 3세의 동생으로 태어날 당시 영국 왕위 계승 서열 2위였으나 현재는 8위다.

〈앤드류 왕자 사진〉

　　2014년 버지니아 쥬프레는 17세 때 엡스타인과 기슬레인 맥스웰에 의해 앤드류에 대한 성매매를 당했다고 주장했고, 맥스웰은 2021년 아동 성매매 혐의로 유죄 판결을 받았다. 앤드류는 어떠한 잘못과의 연루사실도 일체 부인으로 일관했다. 엡스타인 및 맥스웰과의 관계에 대한 비판이 커지면서 2020년 5월 공직에서 영구히 물러났다. 2021년 8월부터 2022년 2월까지 쥬프레가 미국에서 제기한 성폭행 관련 민사소송의 피고로 법정 밖 합의로 마감되었으나, 앤드류는 책임을 인정하지 않은 채 쥬프레와 그녀의 단체에게 공개되지 않은 거액을 지불했다. 2022년 엘리자베스 2세는 그의 명예 군복무와 왕실 자선후원을 박탈했고, 이후 "His Royal Highness"라는 호칭을 사용하지 않았다. 2025년 10

월 앤드류 왕자와 엡스타인의 관계를 둘러싼 논란이 계속되는 가운데, 버킹엄궁은 찰스 3세가 그의 작위와 영예를 박탈하기 위한 "공식 절차"를 시작했다고 발표했다. 그는 또한 자신의 집인 로열 롯지에서 나가라는 공식 통지서를 받았다 .

앤드류는 2008년 18세 미만의 사람에게 매춘을 권유한 혐의로 유죄를 인정한 엡스타인의 친구로, 엡스타인은 물론 기슬레인 맥스웰, 하비 와인스타인(Harvey Weinstein)을 2006년 윈저 성에서 열린 베아트리스 공주의 18번째 생일축하를 위한 가면무도회를 앞두고 앤드류가 그의 거주지인 로열 롯지에 초대했고, 이는 미성년자 성폭행 혐의로 엡스타인에게 미국에서 체포 영장이 발부된 지 두 달 후였다. 엡스타인은 사건 발생 8일 후 플로리다에서 경찰에 체포되었지만 앤드류는 미국에서 발부된 체포영장에 대해 전혀 몰랐다고 부인했다. 앤드류가 2010년 12월 뉴욕을 방문하는 동안 센트럴파크에서 엡스타인과 함께 산책하는 모습이 사진에 포착되면서 2011년 7월 앤드류의 무역특사 역할은 종료되었다.

쥬프레는 2001년 17세 때 런던으로의 여행을 포함하여 앤드류와 세 번 성관계를 가졌고, 나중에 뉴욕과 리틀 세인트 제임스섬에서의 집단 성관계까지 세차례라고 열거했다. 런던에서의 앤드류와의 성관계 이후 엡스타인이 US $15K를 지불했다고 주장했다. 비행 기록에 따르면 앤드류는 쥬프레와의 만남을 가졌다고 주장하는 장소에 있었다. 앤드

류와 쥬프레는 또한 앤드류의 팔이 쥬프레의 허리에 두른 채 함께 사진
에 찍혔고 배경에는 맥스웰이 있었다. 하지만 앤드류와 그 지지자들은
그 사진이 가짜이고 편집된 것이라고 거듭해서 주장했다.

<쥬프레가 공개한 앤드류 왕자와의 사진>

엡스타인의 집사였던 후안 "존" 알레시(Juan "John" Alessi)는
2016년 앤드류가 엡스타인의 팜비치 저택을 방문한 것이 빈번했고, 리
틀 세인트 제임스섬에도 몇 주를 함께 보내며 "매일 마사지를 받았다"
고 주장했다. Johanna Sjoberg, Irina, Caroline Kaufman 등 다른 피해
자 이름도 언급되고, 로리타 익스프레스 탑승사실도 드러났다.

앤드류는 쥬프레의 민사소송 접수를 회피하였고 인터넷 트롤 고
용의지까지 드러낸 걸로 봐 최근 영국 경찰을 앤드류가 불법 이용했고

그 차원에서 쥬프레의 의문스런 교통사고 및 자살로 이어진 게 아닌가 하는 의혹이 일기에 충분하다.

또 엡스타인 및 쥬프레와의 관련의혹에 대한 집중적 보도 및 인터뷰 등을 진행한 BBC PD와 기자 등 3인이 의문스런 사망과 실종을 당하면서 앤드류 음모론이 제기된 바 있다. 최근에는 앤드류의 조카이며 찰스3세의 둘째 아들인 해리왕자의 부인 메간(Rachel Meghan Markle)이 해리왕자를 만나기 오래 전 엡스타인과 함께 한 사진이 폭로되고 앤드류와 그 2인의 회동 사실이 알려지자 앤드류는 메간을 엡스타인이 보낸 '선물'로 알고 잠시 교제했으나 해리왕자를 만나기 아주 오래전이라고 해명을 한 바 있다. 또 트럼프와 개인적으로 만난 적이 없다는 두 사람 전부의 부인에도 불구하고 엡스타인을 고리로 가까이 지낸 사실도 드러나는 등 엡스타인 관련한 변명과 거짓말 등이 드러나며 일체의 공직에서 박탈당하고 점점 궁지로 몰리고 있다.

9.6 앨런 더쇼비츠(1938~)

더쇼비츠(Alan Morton Dershowitz)는 엡스타인에 대한 첫 번째 형사사건의 변호팀원으로, 로스차일드(Lynn Forester de Rothschild)라는 공통의 지인을 통해 엡스타인과 친구가 되었다. 엡스타인에 대한 첫 번째 형사사건은 더쇼비츠가 엡스타인을 변호하여 협상하는 데 도움을 준 논란의 불기소협정(NPA)으로 끝나, 2008년 6월 30일 엡스타인이 18세 미만 소녀매춘을 알선한 혐의로 기소된 두 건 중 하나에 대해 유죄를 인정한 후 18개월 징역형을 선고받았다.

〈앨런 더쇼비츠 사진〉

2019년 4월 쥬프레가 데이비드 보이스(David Boies)를 변호사로 선임하여 뉴욕에서 더쇼비츠를 상대로 명예훼손 소송을 제기했다. 같은 달 마리아 파머(Maria Farmer)는 쥬프레의 명예훼손 소송을 뒷받

침하는 선서진술서에서 1995~1996년에 엡스타인의 프런트 데스크에서 손님을 접수하는 일을 할 때 미성년 소녀들이 있는 뉴욕 맨션에서 더쇼비츠를 정기적으로 만났다고 진술했다. 6월 더쇼비츠는 쥬프레의 소송을 기각해 달라는 동의안을 제출했고(나중에 기각) 보이스의 회사가 그녀를 대리하는 것을 금지하는 동의안도 제출했다(나중에 승인). 2019년 9월 쥬프레는 더쇼비츠의 부정행위에 대한 주장을 계속했다. 더쇼비츠는 보이스가 쥬프레에게 거짓 증언을 하도록 압력을 가했다고 비난해 보이스가 2019년 11월 더쇼비츠를 명예훼손으로 고소했다.

더쇼비츠가 이 사건에 대해 2020년에 법원에 제출한 서류를 통해 쥬프레가 엡스타인에게 인신매매된 후 Ehud Barak 전 이스라엘 총리에게 성폭행을 당했다고 주장한 사실이 밝혀졌지만 더쇼비츠와와 Barak은 모두 쥬프레의 주장을 부인했다. 쥬프레는 더쇼비츠를 특정하는 데 실수가 있었을 수 있다고 한걸음 물러섰다.

2025년에 더쇼비츠는 엡스타인 리스트와 관련된 이름을 알고 있지만 비밀유지 의무가 있다고 말했고, 2025년에 Vanity Fair 잡지에서 모의한 허구발췌문을 엡스타인의 생일책에 기고했다고 보도되었다. Bloomberg에 따르면 엡스타인은 더쇼비츠의 아내에게 새 렉서스를 선물로 주었다. 더쇼비츠는 자신의 아내가 엡스타인을 데리고 다녔기 때문에 이것을 변호사 비용의 일부라고 해명했다. 2025년 JP Morgan이 엡스타인의 여러 금전적 거래를 의심스럽고 인신매매와 관련이 있을 수 있다는 발언이 보도되었는데, 여기에는 엡스타인과 더쇼비츠 간의 알려지지 않은 수의 금액 거래가 포함된다. 더쇼비츠는 엡스타인에게서 받은 돈은 전부 제공된 법률서비스에 대한 댓가라고 말했다.

9.7 알렉산더 아코스타

레네 알렉산더 아코스타(Rene Alexander Acosta, 1969~)는 전직 연방검사와 변호사이자 정치인으로 트럼프 제1기 행정부에서 2017년부터 엡스타인 스캔들과의 연루가 드러난 2019년 7월까지 노동부장관을 지냈다. 그 전 공화당원으로서 조지 W. 부시 대통령에 의해 전국노동관계위원회(NLRB) 위원으로 임명되었고 이후 민권 담당 법무부 차관보와 플로리다주 검찰청 검사, 플로리다국제대학교 법학대학원 학장을 지냈다.

2007~2008년 연방검사로서 엡스타인이 제1차로 플로리다주에서 기소되었을 때 연방법원에의 불기소 합의를 조건으로 53페이지 60건의 혐의 중 플로리다주 혐의인 미성년자 성적 학대 혐의에 대해서만 유죄를 인정하도록 하는 '불기소 합의서(NPA: Non Prosecution Agreement)' 변호 승인했다. 2019년 7월 제2차로 엡스타인이 체포되었을 때 그 2008년도 협정에 대한 불기소 협정에 대한 비난이 쏟아져 노동부 장관에서 사임하면서 '당시 엡스타인이 정보요원이라고 해서 승인했었다'고 발언하였다.

앨런 더쇼비츠가 도운 이 협상은 엡스타인과 네 명의 공모자, 그리고 이름이 밝혀지지 않은 "잠재적 공모자"에게 모든 연방 형사고발에 대한 면책권을 부여하는 것이었다. 플로리다주 법원에서 중범죄 매춘 혐의 2건에 대해서만 유죄를 인정하여 18개월 징역형을 받고 성범죄자로 등록하며 FBI가 확인한 36명의 피해자에게 배상금을 지불하는 데 동의하여, 이 협상은 나중에 "스위트하트 협상(sweetheart deal, sweetheart contract)"으로 불리운다 .

2019년 플로리다 남부 지방법원의 케네스 마라(Kenneth Marra) 판사는 아코스타의 NPA 문서가 범죄 피해자 권리법을 위반했다고 판결했고, 이후 항소법원 판결은 이 NPA를 "국가적 수치"로 불렀다. 엡스타인의 10대 피해자 두 명의 대리인인 브래들리 에드워즈(Bradley Edwards)와 언론 변호사가 이를 공개하기 위한 소송 이후에야 이 NPA의 조건이 공개되었다.

9.8 팸 본디

〈팸 본디 사진〉

패멀라 조 본디 (Pamela Jo Bondi, 1965~)는 2025년부터 87대 미국 법무장관이자 변호사, 로비스트, 정치인으로 이전 민주당 지지에서 공화당 소속으로 바꾸어 2011년부터 2019년까지 37대 플로리다주 법무장관에 2회 연속 당선되었다. 플로리다주 탬파 베이 지역에서 태어나고 성장해 플로리다대학교와 스테트슨 로스쿨(Stetson Law School)을 졸업했다. 1994년부터 2009년까지 플로리다주 힐스버러 카운티에서 주 검사보(state attorney)로 재직한 뒤 2010년 플로리다주 주 검찰총장

(법무장관)에 선출되어 플로리다주 최초의 여성 검찰총장이 되었다. 그 임기 이후 주로 카타르와 쿠웨이트 관련 로비스트와 특히 2020년 트럼프의 탄핵담당 변호사로서 2020년도 대통령선거를 도왔고 2024년까지 트럼프 지지단체인 미국 우선 정책 연구소(America First Policy Institute)의 법률 부서를 담당했다.

트럼프는 2024년 대선 캠페인 기간 동안 두 차례에 걸쳐 엡스타인 파일을 공개하겠다고 약속했고, 2025년 2월 본디는 폭스뉴스 기자 존 로버츠의 질의에 "지금 검토하라고 제 책상 위에 올려져 있습니다. 트럼프 대통령의 지시였습니다. 검토 중입니다."라고 답했지만 이후 중요한 새로운 정보가 포함되지 않은 문서만 공개했다. 본디는 엡스타인 제1차 기소당시 플로리다주 법무장관(2011~2020)이었고 그 이전 주 검사보(2004~2009)로서 엡스타인 사건과 그 파일 등을 몰랐을 리 없다는 주장이 제기되었다. 또 미성년 시절 플로리다에서 트럼프와 찍힌 사진이 공개되어 사진의 진위여부가 논란 중이다.

9.9 장 뤽 브루넬

브루넬(Jean-Luc Didier Henri Brunel, 1946년~2022년)은 프랑스의 모델 스카우트로 국제 모델 에이전시인 Karin Models를 이끌면서 명성을 얻었고 엡스타인의 자금지원으로 MC2 Model Management를 설립했다. 매우 일찍이 1988년 CBS의 60 Minutes 조사의 대상이 되어 30년 동안 성폭행 혐의에 직면하였다. 2000년대 초부터 2015년까지 함께 일했던 엡스타인과의 관계로 조사를 받았는데, 어린 여성을 유혹하고 엡스타인이 연루된 성매매 혐의에 가담한 혐의를 받았다. 엡스타인이 사망한 후 잠적하자 프랑스 국가경찰이 수사를 시작해 2020년 12월 체포, 강간혐의로 기소하여 정식재판이 진행되기 전에 감방에서 목을 매달아 스스로 목숨을 끊었다.

1998년부터 2005년까지 로리타 익스프레스 25회 탑승 기록한 승객으로 기재되었고, 또한 2008년 엡스타인이 수감 되었던 플로리다주 감옥의 정기적 방문을 포함해 최소 70회 이상의 방문이 기록되었다. 쥬프레는 엡스타인이 브루넬의 연결에 의해 미성년 여성 천명 이상과 관계한 것을 자랑했다고 증언한 바 있다. 또한 맥스웰이 프랑스를 수시로 오가며 수많은 프랑스 연소자를 로리타 익스프레스로 엡스타인에게 넘겼다는 주장에 대해 프랑스경찰이 수사를 진행하고 있다.

9.10 빌 게이츠

〈빌 게이츠 사진〉

2019년 뉴욕타임스 기사에 따르면 게이츠와 엡스타인과의 관계는 엡스타인이 매춘을 위해 아동을 알선한 혐의로 유죄판결을 받은 지 몇 년 후인 2011년에 시작되어 2013년 가을 아내가 불편함을 표명했음에도 불구하고 아내와 함께 엡스타인의 집을 방문하는 등 몇 년간 지속되었다. 게이츠는 2011년 엡스타인에 대해 "그의 생활 방식은 매우 독특하고 흥미롭지만 나에게는 맞지 않을 것 같다"고 말했다.

게이츠와 엡스타인과의 인간관계는 불분명하지만 게이츠는 일반적으로 "그를 만났습니다. 그러나 그와 사업관계나 우정은 없었습니다"라고 말했지만 게이츠는 엡스타인의 지난 과거와 무관하게 엡스타인을 "여러 번" 방문했다. 엡스타인과 게이츠는 "게이츠 재단과 자선활동에 대해 논의했다"고 보도되었다. 게이츠는 "그와 함께한 모든 회의는 남성과의 회의였습니다. 저는 파티나 그런 것에 참석한 적이 없습니다. 그는 제가 아는 어떤 것에도 돈을 기부한 적이 없습니다."라고 말했다. 2021년 8월 게이츠가 엡스타인과 회의를 가진 이유는 엡스타인이 자선활동에 자금을 제공할 수 있기를 바랐기 때문이라고 말했지만 아무런 성과도 없었다. 게이츠는 "그와 시간을 보내고 그에게 그곳에 있다는 신뢰성을 준 것은 큰 실수였다"고 덧붙였다. 게이츠가 엡스타인의 개인 제트기를 타고 여행했다는 사실이 밝혀진 후 추가적인 조사를 받았지만 게이츠가 Little St James로 여행했다는 추가 주장은 입증되지 않았다.

〈엡스타인과 빌 게이츠 사진〉

또한 2013년 3월 엡스타인과 게이츠가 노벨상을 논의하기 위해 프랑스 스트라스부르에 있는 노벨위원회 위원장 토르비욘 자글란트 (Thorbjørn Jagland)를 자택에서 만났다는 보도도 있었다. 2013년 10월에는 게이츠와 엡스타인 외 US $250만의 "커뮤니티 참여" 보조금을 포함하여 게이츠재단으로부터 수백만 달러의 보조금을 받은 국제평화연구소(International Peace Institute)의 대표들도 참석했다. 엡스타인이 게이츠가 러시아 브리지 플레이어(bridge player)와 가졌다는 의혹을 폭로하겠다고 위협했다는 보도가 2023년에 있었다.

2021년 5월 3일 빌과 멜린다 게이츠(Melinda Gates)는 27년이 넘는 결혼생활 끝에 이혼을 결정했다고 발표했다. 월스트리트 저널은 멜린다가 2019년에 이혼전문 변호사들과 만나기 시작했으며, 게이츠와 엡스타인과의 관계가 그녀의 우려 사항 중 하나라는 것을 시사하는 인터뷰를 인용했다고 보도했다. 그러나 부부는 막내딸 피비 게이츠 (Phoebe Gates)가 고등학교를 졸업할 때까지 이혼을 연기하다가 2021년 8월 2일에 확정 되었지만 위자료 등 재정적 세부사항은 비밀에 부쳐졌다.

2023년 2월 게이츠는 자신이 오라클과 휴렛팩커드 전 최고경영자 마크 허드(Mark Hurd)의 미망인 폴라 허드(Paula Hurd)와 사귀고 있음을 확인했다 2025년 2월 투데이 쇼에 출연한 게이츠는 허드를 "진지한 여자친구"라고 묘사하며 "이혼 아픔은 이미 극복했다"고 말했다.

9.11 엡스타인의 공범

엡스타인의 제1공범은 단연 맥스웰이다. 그 외 주로 여러 피해자들의 민사소송에서 열거된 켈렌(Sarah Kellen), 그로프(Lesley Groff), 로스(Adriana Ross), 마르친코바(Nadia Marcinkova, 롭슨(Haley Robson), 그리고 한국계인 뉴욕 거주 화가 리나 오(Rina Oh-Amen) 등이 있는데, 리나 오는 미술 전시회를 계기로 엡스타인과 만나 가해자가 아니라 피해자라고 강변하고 있다.

가해자는 물론 피해자와 주요고객, 가사관리인 등 통털어서 엡스타인 스캔들 관련 인물 중 극소수인 유색인종에 속하는 리나 오는 Businee Insider 콜먼(Ashly Collman) 기자와의 인터뷰(2022. 1. 21)에서 쥬프레 등 엡스타인의 피해자들이 자신을 가해자 및 공범으로 지목한 데 대해 자신도 피해자일 뿐이라 주장하며 쥬프레를 명예훼손으로 고소했다고 밝혔다. 쥬프레와 함께 마라라고로 옷을 사러 간 적이 있고 지인 3명을 엡스타인에게 소개한 게 전부라는 것이다. 자신은 단지 성인연령인 21세에 미술관련 후원자로서 엡스타인을 처음 만나 성적 학대를 당한 이후 절연했고 그 충격으로 많은 어려움을 겪었다고 주장했다.

〈2000년대 초 엡스타인을 처음 만났을 때의 리나 오〉

그러나 엡스타인의 영향을 받은 그림 작품들이 발견되었고, 특히 나체의 당시 영국 찰스왕자와 앤드류 왕자 및 찰스의 딸 유진(Eugene), 그리고 자신과 쥬프레로 보이는 사람들이 신체에 칼자국을 내어 서로 상처를 맞닿게 하는 엽기적인 단체 성관계 그림까지 공개되어 충격을 주고 있다.

〈리나 오의 작품(앤드류 왕자와 클린턴)〉

10. 엡스타인 관련 주요인물 분석

이 부분 엡스타인 주변인물들은 "Virginia L. Giuffre v. Ghislaine Maxwell 소송에서 법원이 공개한 문서(Case No. 15-cv-07433-LAP, 2024)"에서 나오는 사람들이다.

인물들은 미국을 중심으로 영국과 프랑스, 호주 등까지 국제적 범위를 가지고 있으며, 권력 엘리트로 정치계와 재계, 학계, 연예계의 고위층이 포함되어 있다. 다층적 구조를 보이며 피해자와 공모자, 증인, 변호사 등 복합적인 관계가 얽혀 1990년대부터 2016년까지 장기간에 걸쳐 네트워크가 형성되었다. 이 문서에서 확인된 117명 이상의 인물들은 엡스타인 스캔들의 광범위하고 복잡한 성격을 보여준다.

권력 구조에 깊이 침투했다. 정치계는 대통령급부터 주지사까지 다양한 레벨이 연루되었다. 재계는 헤지펀드와 기업, 투자 분야의 최고 위층이 포함되었고, 학계는 노벨상 수상자와 세계적 석학들이 관련되었다. 연예계는 A급 배우와 제작자들이 연루되었고, 왕실은 영국 왕실 직계 인물이 포함되었다.

국제적 범위를 가지고 있어서 다국적 네트워크로 미국과 영국, 유럽, 아시아가 연결되었다. 전용기를 통한 글로벌 이동이 이루어졌고, 뉴욕과 플로리다, 버진 아일랜드, 런던, 파리 등 해외 거점이 운영되었다.

조직적으로 운영되어, 엡스타인-맥스웰-조수들-직원들의 계층적 구조가 있었다. 모집과 관리, 운송, 은폐 등 전문화된 역할이 분담되었고, 1990년대부터 2019년까지 약 30년간 장기간 운영되었다.

법적 대응이 복잡하다. 양측에서 총 15명 이상의 변호사가 동원되어, 1,300개 이상의 문서에 대한 특권 주장이 있었다. 소환장 회피와 수정헌법 제5조 행사 등 증언 회피가 이루어졌다.

●정치인 및 공직자

먼저 국가 지도자급 인물인 트럼프(Donald Trump) 전/현 미국 대통령은 비행기록과 사회적 접촉이 언급되어 있다. 빌 클린턴(Bill Clinton) 전 미국 대통령은 엡스타인의 전용 비행기에 여러 차례 탑승했으며, "젊은 여자를 선호한다"는 주장이 문서에 기록되어 있다. 앨 고어(Al Gore) 전 미국 부통령은 엡스타인과의 사회적 접촉이 언급되었다.

주 및 지역 정치인으로 리챠드슨(Bill Richardson) 전 뉴멕시코 주지사는 쥬프레와 성접촉을 했다는 주장이 제기되었다. 미첼(George Mitchell) 전 메인주 상원의원은 성접촉 지시 주장이 있다.

영국 왕실 인물인 앤드류왕자(Andrew Albert Christian Edwards, Duke of York)는 영국 왕실 공작으로 쥬프레와의 성접촉 및 촬영사진이 문서화되어 있다.

법 집행 및 수사기관 관련자인 리카리(Joseph Recarey) 전 팜비치 경찰관은 제1차 형사건에서 엡스타인 수사를 주도했다. 레이터(Michael Reiter)는 전 팜비치 경찰서장으로 엡스타인 사건을 감독했다. 프리(Louis Freeh) 전 FBI 국장은 클린턴의 여행관련 지식을 보유하고 있었다. 리챠즈(Jason Richards) FBI 요원은 '엡스타인 사건' 수사에 참여했다.

●법률 전문가 및 변호사

쥬프레 측 변호사 팀원인 보이즈(David Boies)는 Boies Schiller Flexner 소속 수석변호사다. 에드워즈(Bradley J. Edwards)는 쥬프레 외 Farmer, Jaffe, Weissing, Edwards, Fistos & Lehrman의 공동변호사다. 카셀(Philip G. Cassell)은 유타대학교 로스쿨 교수이자 공동변호사로, CVRA(범죄 피해자 권리법) 전문가다. 매콜리(Sigrid S. McCawley)는 Edwards & Cassell 사무소 소속 주 변호사다. 폴 카셀(Paul Cassell)은 유타대학교 로스쿨 교수이자 공동변호사이며, 스카롤라(Jack Scarola)는 Searcy Denney Scarola Barnhart & Shipley 소속 공동변호사다.

맥스웰 측 변호사팀인 매닝거(Laura A. Menninger)는 Haddon, Morgan and Foreman 소속 수석변호사이고, 파글리우카(Jeffrey S.

Pagliuca)는 Haddon, Morgan and Foreman 소속 공동변호사다. 바덴(Philip Barden)은 독립변호사로 법적 자문을 제공했다.

엡스타인 측 변호사팀인 더쇼비츠(Alan Dershowitz)는 하버드 로스쿨 교수이자 변호사 겸 피고다. 콜먼(Tonja Haddad Coleman)은 독립변호사로 엡스타인의 대리인 역할을 했다. 골드버거(Jay Goldberg)와 레프코트(Gerald Lefcourt)는 독립변호사로 엡스타인을 변호했다.

기타 법률 관련자로, 스타(Ken Starr) 전 독립검찰관은 엡스타인 변호팀에 참여했다. 블랙(Roy Black) 형사 변호사도 엡스타인 변호팀에 속한다. 포팅거(J. Stanley Pottinger)는 법무부 전 차관보로 맥스웰에게 자문을 제공했다.

●재계 및 금융계

헤지펀드 및 투자 분야의 두빈(Glenn Dubin)은 Highbridge Capital 설립자로 쥬프레와 성접촉을 했다는 주장이 있다. 앤더슨-두빈(Eva Andersson-Dubin)은 글렌 듀빈의 부인이자 의사로 엡스타인과 과거 관계가 있었다. 웩스너(Les Wexner)는 L Brands 회장으로 엡스타인의 주요 고객이었다. 블랙(Leon Black)은 Apollo Global 설립자로 엡스타인과 자문관계가 있었다.

기업인 및 CEO로서 프리츠커(Tom Pritzker)는 Hyatt 호텔 회장으로 엡스타인과 사회적 접촉이 있었고, 주커만(Mort Zuckerman)은 부동산 및 미디어 재벌로 엡스타인과 사회적 접촉이 있었다. 브록맨(John Brockman)은 Edge 재단 설립자로 2011년 억만장자 만찬을 주최했다.

●연예계 및 예술계

배우 및 연예인으로 스페이시(Kevin Spacey)는 엡스타인과 사회적 접촉이 있었다. 디 카프리오(Leonardo Di Caprio)는 엡스타인 파티에의 참석 의혹이 있고, 디아즈(Cameron Diaz)는 엡스타인과 사회적 접촉이 있었다. 블랑셰(Kate Blanchett)는 엡스타인과 사회적 접촉이 있었고, 마이클 잭슨(사망)은 엡스타인과 과거 관계가 있었다. 루카스(George Lucas) 영화 제작자는 엡스타인과 사회적 접촉이 있었다.

모델 및 패션계의 쟝 뤽 브루넬(Jean-Luc Brunel)은 MC2 모델 에이전시 대표로 미성년자를 모집하고 성착취에 공모했다. 리츠만(Peter Listerman)은 모델 에이전트로 엡스타인 네트워크 연루 의혹이 있고, Adriana Ross(Mucinska)는 모델이자 엡스타인 조직원이었다.

●학계 및 연구 분야

대학 교수 및 연구자인 민스키(Marvin Minsky)는 MIT 인공지능 분야 학자로 엡스타인 섬에서 성접촉을 했다는 주장이 있다. 호킹(Stephen Hawking)은 캠브리지대학 이론물리학자(사망)로 엡스타인의 학술행사에 참석했다. 더쇼비츠(Alan Dershowitz)는 하버드 로스쿨 교수로 쥬프레와 성접촉을 했다는 주장이 있고, 크라우스(Lawrence Krauss)는 애리조나주립대학교 물리학교수로 엡스타인과 학술적 연결이 있었다.

●엡스타인 조직 핵심 인물

주요 공모자 겸 조직원인 맥스웰은 미성년자를 모집하고 성착취를 조직했다. 켈렌(Sarah Kellen, Kensington)은 엡스타인의 개인비서 겸 스케줄러로 엡스타인의 일정을 관리하고 피해자를 조정했다. 마르친코바(Nadia Marcinkova)는 파일럿이자 Aviloop CEO로 성착취 피해자이자 공모자였다. 그롭(Lesley Groff)은 집행비서로 엡스타인의 뉴욕 사무실을 운영했다.

로드리게스(Alfredo Rodriguez)는 가사관리인으로 맥스웰의 젊은 소녀 관련 지식이 있었고 침묵을 위협받았다. 알레시(Juan Alessi)는 가사 직원으로 젊은 마사지사들을 목격하고 일상 운영을 담당했다. 리조(Rinaldo Rizzo)는 요리사 겸 직원으로 15세 소녀에 대한 위협을 목격했다.

●피해자, 증인 및 생존자

주요 피해자 쥬프레는 엡스타인 및 맥스웰에 대한 민사소송 원고이자 피해자로 1999년부터 2002년까지 미성년 시절 고위 인사와의 성접촉을 강요당했다. 쇼버그(Johanna Sjoberg)는 피해자이자 증인으로 2001년부터 2006년까지 맥스웰에게 모집되어 앤드류 왕자와 접촉했다. 애니 파머(Annie Farmer)는 1996년 미성년 시절 뉴멕시코 목장에서 성착취를 당한 피해자, 마리(Marie Farmer)는 1996년 성인 시절 뉴욕에서 성착취를 당한 피해자로 애니의 언니다. 와일드(Courtney Wild)는 2004년부터 2005년까지 미성년 시절 팜비치에서 성착취를 당한 피해자다.

익명의 Jane Doe #1은 CVRA 소송 관련 피해자, 다른 익명의 Jane Doe #2는 CVRA 소송 관련 피해자다. Jane Doe #3은 앤드류 왕자 관련 주장을 한 익명 피해자, Jane Doe #4는 더쇼비츠 관련 주장을 한 익명 피해자다. 롭슨(Haley Robson)은 피해자에서 모집자로 전환된 인물로, 소녀 한 명당 US $200을 받고 모집했다. 우치텔(Rachel Uchitel)은 뉴욕 지역에서 피해자를 모집한 인물이다.

●의료 분야

쿠티코프(Dr. Karen Kutikoff)는 쥬프레의 의료기록 관련 의사다, 앤더슨-두비(Eva Andersson-Dubin)은 의사이자 글렌 듀빈의 부인으로 엡스타인과 과거 관계가 있었다. 엡스타인(Dr. Mark Epstein)은 의사이자 제프리 엡스타인의 동생이다(웹에서 검색되는 뉴욕의 정신과 의사인 Mark Epstein, MD와 동일인물인지는 확인되지 않는다). 라이트풋(Dr. Judith Lightfoot)과 도나휴(Dr. Maureen Donahue)는 심리학자로 쥬프레 치료를 지원했다.

●미디어 및 저널리즘

처처(Sharon Churcher)는 Daily Mail 기자로 쥬프레의 스토리를 취재하고 앤드류 왕자 사진을 보도했다. 워드(Vicky Ward)는 Vanity Fair 기자로 엡스타인 관련 기사를 작성했다. 브라운(Julie K. Brown)은 Miami Herald 기자로 엡스타인 사건을 재조명했다. 소여(Forest Sawyer)는

NBC 프로듀서로 쥬프레 인터뷰와 관련이 있다. 리온스(Tony Lyons)는 Skyhorse Publishing 대표로 쥬프레의 책을 출판했다.

●부동산 및 서비스업

인다이크(Darren Indyke)는 부동산변호사로 엡스타인의 부동산을 관리했고, 칸(Richard Kahn)은 부동산관리자로 엡스타인의 재산을 관리했다. 로저스(David Rogers)는 엡스타인 전용기의 파일럿이고, 비소스키(Larry Visoski)는 엡스타인 전용기의 수석조종사다.

●과학 및 기술 분야

호킹(Stephen Hawking)은 이론물리학자(사망)로 엡스타인의 과학 회의에 참석했다. 민스키(Marvin Minsky)는 MIT 인공지능 학자(사망)로 엡스타인 섬에서 성접촉 주장이 있다. 크라우스(Lawrence Krauss)는 이론물리학자로 엡스타인의 과학자문과 관련이 있고, 겔만(Murray Gell-Mann)은 노벨물리학상 수상자(사망)로 엡스타인의 과학 모임에 참석했다. 니콜릭(Boris Nikolic)은 빌 게이츠의 과학자문으로 엡스타인과 접촉이 있었다.

●비영리 및 재단

듀빈(Celina Dubin)은 듀빈 가족의 자선 활동과 관련이 있고, 에바 듀빈(Eva Dubin)은 의료 자선 활동을 하는 글렌 듀빈의 부인이다.

•호스피탈리티 및 서비스

사카모토(Sabrina Sakamoto)는 마사지 치료사로 엡스타인에게 정당한 마사지를 제공했고, 데이비스(Chauntae Davies)는 마사지 치료사 겸 엡스타인 전용기 승무원이다.

•가족 및 개인 관계

로버트 쥬프레(Robert Giuffre)는 쥬프레의 남편이다. 의사인 마크(Mark Epstein)는 제프리의 동생으로 부동산을 제공하고 나디아의 거주지를 마련했다.

•국제 관련 인물

앤드류(Prince Andrew)는 영국 왕자로 런던에서 쥬프레와 접촉했다. 마르친코바(Nadia Marcinkova)는 슬로바키아 출신으로 엡스타인 조직의 국제적 연결을 보여준다. 테일러(Emmy Tayler)는 영국 거주로 추정되며 맥스웰의 조수다. 앤더슨(Eva Andersson)은 스웨덴 출신 의사로 듀빈의 부인이자 엡스타인과 과거 관계가 있었다.

•신원 미상 인물(증인 목록)

Alexandra Fekkai, Sheridan Gibson-Butte, Shannon Harrison, Victoria Hazel, Brittany Henderson(법률사무소 관계?), Brett Jaffe(법

률사무소 관계?), Carol Roberts Kess, Bob Meister, Jamie A. Melanson, Lynn Miller, David Mullen, Joe Pagano, Mary Paluga, Cecilia Stein, Mark Tafoya, Brent Tindall, Kevin Thompson, Ed Tuttle, Emma Vaghan, Kimberly Vaughan-Edwards(영국 거주?), Cresenda Valdes, Anthony Valladares, Maritza Vazquez, Jarred Weisfeld, Daniel Wilson.

●특별 관심 인물 프로필

나다 마르친코바(Nada Marcinkova, 엡스타인을 떠난 후엔 Nadia Marcinko)의 신분은 Aviloop LLC의 CEO이며 FAA 인증 상업 조종사로 과거 역할은 엡스타인의 성노예로 추정되며, 후에 공모자 역할을 했다. 법적 지위는 2008년 면책 협정에 포함되었고 수정헌법 제5조를 행사했다. 2024년 1월 엡스타인 문서 공개 후 실종으로 보고되었다. 중요성은 피해자에서 공모자로 전환된 복합적 인물이라는 점이다.

사라 켈렌(Sarah Kellen)의 역할은 엡스타인의 핵심 조수이자 일정 관리자로 활동 내용은 피해자 작업 주선과 엡스타인 스케줄 관리였다. 법적 회피 수단으로 소환장을 회피하고 수정헌법 제5조를 행사했다. 현재 Kensington으로 성씨를 변경하고 은둔 생활을 하고 있다.

장-뤽 브루넬 (Jean-Luc Brunel)은 MC2 모델 에이전시 대표로, 연루 내용은 미성년 모델들을 엡스타인에게 공급한 것이다. 2022년 프랑스 감옥에서 자살하였다. 중요성은 엡스타인 네트워크의 국제적 확장을 담당했다는 점이다.

앨런 더쇼비츠 (Alan Dershowitz)는 이중 역할로 엡스타인의 변호사이자 피고였다. 쥬프레와의 성접촉을 강력하게 부인하며 쥬프레를 연쇄 거짓말쟁이로 비난했다. 현재는 명예훼손 반박 소송을 진행 중이다.

11. 엡스타인 스캔들 관련 21인 사망(실종)자

엡스타인 스캔들과 관련된 사망(실종)자는 당사자인 엡스타인(2019년 8월 10일 사망)과 최근 2025년 4월 25일에 사망한 쥬프레를 포함해 모두 18명으로 파악된다. 꾸준하고 체계적으로 타살의혹이 제기되는 엡스타인은 물론 회고록 출간을 준비하며 열정적으로 활동하다가 의문스런 교통사고를 당한 직후 석연찮게 자살한 쥬프레를 포함해 대부분의 사망자는 단순사망보다는 자살이나 사고로 위장된 것으로 보인다.

의문스런 사망자 가운데 가장 많은 비중은 엡스타인 초기의 금융관련자들이 차지한다. 타워스 파이낸셜(Towers Financial) CEO 호펜버그(Steven Jude Hoffenberg)와 그의 회계담당 직원 레슬리 로즌버그(Leslie Rosenberg), 엡스타인 암호화 계정 담당자였던 마크-앙드레 세갱(Marc-André Séguin) HSBC 몬트리올 부문장과 자금세탁을 담당했던 그 은행 동료 에두아르 르페브르(Édouard Lefebvre), 엡스타인의 초기 재원 담당 베어 스턴스 부회장 마이클 테넨바움(Michael Tennenbaum)

등 5인이 초기 금융관련 사망자들이다. 리틀 세인트 제임스섬 출입 리스트 담당 변호사 조니 아티아스 (Johnny Attias)와 마이애미 성매매 조직 관리자 알렉산드라 미하일로바(Alexandra Mikhailova), 로리타 익스프레스 증언 예정이었던 엡스타인 저택 관리자 토머스 리처즈(Thomas Richards), 로리타 승무원 에이드리안 로스(Adriana Ross), 2024년 실종된 로리타 조종사 겸 공모자 마르친코바(Nada Marcinkova) 등 5인은 저택과 전용 비행기, 성매매 조직관련 등 신변관련 사망자들이다. 그 외 영국 앤드류왕자 관련한 사망자나 실종자가 리처드 홀(Richard Hall)과 에밀리 워커(Emily Walker), 제임스 마이어스(James Myers) 등 3인이다. 사업파트너로는 프랑스의 사업 파트너인 카린 모델스(Karin Models) 창립자로서 프랑스 미성년자 조달책으로 보이는 장 뤽 브뤼넬(Jean-Luc Didier Henri Brunel)이 2022년 수감 중 의문의 자살을 하였고, 그 이전 2021년 그의 비서인 나디아 마코므(Nadia Marcum)가 실종되었다.

초기 금융관련 사망자 가운데 엡스타인 초기 재원조달 파트너로서 트럼프와 엡스타인의 부동산 사기를 폭로할 예정이던 타워스 파이낸셜(Towers Financial) CEO 호펜버그(Steven Jude Hoffenberg)가 2022년 코넥티컷주 자택에서 숨진채 발견되었고, 그의 회계담당 직원 레슬리 로즌버그(Leslie Rosenberg)도 같은 해 자택 화재로 사망하였다. 엡스타인 암호화 계정 담당자였던 마크-앙드레 세갱(Marc-André Séguin) HSBC 몬트리올 부문장도 협박받은 메시지를 남기고 2023년 자살하였고, 자금세탁을 담당했던 그 은행 동료 에두아르 르페브르(Édouard Lefebvre)도 2022년 익사하였다. 엡스타인의 초기 재원 담당 베어 스턴스 부회장 마이클 테넨바움(Michael Tennenbaum)도 2022년 의문사하였다.

신변 관련 사망자로는 리틀 세인트 제임스 섬 출입 리스트 담당 변호사 조니 아티아스 (Johnny Attias)와 마이애미 성매매 조직 관리자 알렉산드라 미하일로바(Alexandra Mikhailova)는 2021년 자살하였다. 로리타 익스프레스 관련 증언할 예정이었던 엡스타인 저택 관리자 토머스 리처즈(Thomas Richards)가 2021년 독소검출 상태 심장마비로 사망하였고, 로리타 승무원 에이드리안 로스(Adriana Ross)는 2020년 교통사고로 사망하였다. 로리타 조종사 겸 공모자 마르친코바(Nada Marcinkova)도 엡스타인 자료 공개 직후 2024년 실종되었다.

앤드류 왕자 취재와 보도 관련 BBC의 'Epstein: The Dirty Secret' 제작자 리처드 홀(Richard Hall)은 2021년 약물과다 복용으로 사망하였고, 취재 PD인 에밀리 워커(Emily Walker)는 스코틀랜드에서 실종되었으며, 촬영기사 제임스 마이어스(James Myers)는 우발적 총격사건으로 사망하였다. 그 외 엡스타인과 같은방 재소자로 엡스타인 자살 관련 증언예정이던 니콜라스 타르탈리오네(Nicholas Tartaglione)도 수감 기간에 자살하였다.

11.1 사망자1-엡스타인(2019. 8. 10)

먼저 엡스타인 스캔들의 중심인물 엡스타인은 사망하기 18일 전인 2019년 7월 23일 오전 1시 30분경 감방 바닥에서 목에 자국이 있는 반의식 상태로 발견되었다. 그의 감방 동료인 전 뉴욕시 경찰관 니콜라스 타르타글리오네(Nicholas Tartaglione)는 당시 4건의 살인 혐의로 재판을 기다리고 있었지만 엡스타인의 상태에 대해 전혀 모른다고 부인했다. 교도관들은 자살 시도를 의심했지만 위장되었거나 다른 재소자에게 폭행당했을 가능성도 배제하지 않았다. NBC 뉴스에 따르면 두 소식통은 엡스타인이 목을 매달아 자살하려 했을 가능성이 있다고 말했고, 세 번째 소식통은 부상이 심각하지 않아 위장되었을 수 있다고 말했다. 네 번째 소식통은 감방 동료에 의한 폭행 가능성도 배제되지 않는다고 말했다. 그 사건 이후 엡스타인은 자살감시 대상이 되었지만 6일 후인 2019년 7월 29일에 자살감시 대상에서 해제되어 다른 수감자와 함께 특별 수용시설로 옮겨졌다.

엡스타인이 특별 수용시설에 배치되었을 때 교도소는 그가 감방 동료들과 함께 생활할 것이며, 교도관이 30분마다 감방을 확인할 예정이라고 했다. 그러나 이러한 절차는 그가 사망한 밤에는 지켜지지 않았다. 2019년 8월 9일 엡스타인의 감방 동료가 다른 곳으로 이송되었으나 아무도 그의 자리를 채우지 않았고, 그날 저녁 늦게 교도소의 정상적인 절차와 달리 엡스타인은 30분마다 점검을 받지도 않았다. 그날 밤 그의 감방을 확인해야 할 두 명의 교도관은 잠들어 약 3시간 동안 그를 확인하지 않았다고 관련기록을 위조했다. 엡스타인의 감방 앞의 두 대의 카메라도 그날 밤 고장나 작동하지 않았다. 나중에 입수한 영상에서는 1분 정도가 빠진 것이 발견되었는데, 시계가 11:58:58에서 12:00:00으로 건너뛰었다.

엡스타인은 2019년 8월 10일 EDT 오전 6시 30분 뉴욕 메트로폴리탄 교정센터(MCC)의 감방에서 사망한 채 발견되었다. 교정국은 엡스타인의 시신 발견 즉시 생명유지 조치를 시작해 응급구조대가 호출되어 병원으로 옮겨졌다. 2019년 8월 10일 연방 교정국과 미국 법무장관 윌리엄 바(William Pelham Barr)는 최종결론 이전 사망을 명백한 자살로 발표했다. 2023년 6월 27일 공개된 미국 법무부 감찰관실의 조사보고서는 엡스타인의 구금 및 사망과 관련하여 교도소 관리들의 반복적인 "과실, 위법 행위, 그리고 명백한 업무 수행 실패"를 비판하면서도 자살 외의 다른 원인이라는 주장을 부정했다.

2019년 8월 11일 부검이 실시되었다. 부검의 예비 결과 엡스타인의 목뼈에 여러 골절이 발견되었는데 엡스타인의 목에서 부러진 뼈 중에는 목뿔뼈도 있었다. 이러한 목뿔뼈 골절은 자살에서도 발생할 수 있지만 타살에 의한 목 졸림 피해자에게서 더 흔하게 나타난다.

2019년 8월 16일 뉴욕시 검시관은 엡스타인의 사망원인을 목맴으로 인한 자살로 판정했지만 엡스타인의 변호인단은 불만을 표시했고 사망원인에 대한 독립적인 조사에 의해 자살보다는 타살과 가깝다는 소견이었다. 엡스타인 측에서 고용한 독립 병리학자도 부검에 참관하여 목뼈 골절을 포함한 여러 부상은 자살에서는 극히 이례적이며 살인성 목 졸림에서 훨씬 더 흔하게 발생한다고 말했다.

2019년 8월 18일 엡스타인이 감방에서 부상을 입은 채 발견된 지 2주 후, 그리고 사망 이틀 전인 2019년 8월 8일에 유언을 작성했다는 보도가 나왔다. 이때까지 엡스타인은 공격을 피하기 위해 다른 수감자들의 매점 계좌에 돈을 예치하고 있었다. 유언장 작성에는 그를 아는 두 명의 변호사가 증인으로 참여했고 유언장은 두 명의 오랜 직원을 집행인으로 지명했으며 그의 모든 자산과 유산에 남아있는 모든 자산을 즉시 신탁으로 증여했다.

부검 후 엡스타인의 시신은 그의 동생 마크 엡스타인이 인수해 2019년 9월 5일 플로리다주 팜비치에 있는 I.J. 모리스 다윗의 별 묘지 (I.J. Morris Star of David Cemetery)에 있는 그의 부모 묘지 옆에 비문 없이 매장되었고, 그의 부모 이름도 훼손 방지를 위해 기존 묘비가 제거되었다.

11.2 사망자2-쥬프레(2025. 4. 25)

2025년 10월 21일 출간된 쥬프레의 사후 회고록은 2001년 7월 수많은 남성에게 인신매매되는 동안 찌르는 듯한 복통과 불규칙적인 출혈로 쓰러져 "피웅덩이 속에서 깨어났다"고 주장했다. 엡스타인과 맥스웰이 함께 갖기로 계획했던 아기의 대리모로 쥬프레를 이용하려 했다고 주장했다.

쥬프레는 2002년 로버트 쥬프레(Robert Giuffre)와 결혼한 후 호주의 뉴사우스웨일즈(New South Wales) 중부 해안의 글렌닝 밸리(Glenning Valley)에서 11년 동안 살면서 두 아들(Christian, Noah)과 한 딸(Emily)을 두었다. 가족은 2013년 11월 미국으로 이주하여 처음에는 플로리다에서 시간을 보냈고 2015년에 콜로라도에서도 살다가 2017년에 다시 호주 퀸즐랜드 케언즈(Cairns, Queensland)로 돌아와 2020년 서호주 퍼스의 오션 리프(Ocean Reef in Perth)로 이사했다. 앤드류 왕자로부터 받은 합의금으로 2023년 8월 니르개비(Neergabby)에 농장 부지를 매입했다. 쥬프레부부는 2024년에 헤어졌다고도 하고 그 이전 2023년 8월에 헤어졌다고도 한다. 남편이 수년간 자신을 신체적으로 학대했다고 공개적으로 말했는데, 맥스웰과의 소송의 일환으로 공개된 법원문서에 따르면 남편은 2015년 콜로라도에서 체포되어 가정폭력 혐의에 대해 유죄를 인정했으며 보호관찰을 받은 바 있다. 이후에도 가정폭력 문제로 법원심리가 정해져 그 후 몇 달 동안 아이들을 만날 수 없었다. 쥬프레는 사망 당시 남편과 세 자녀에 대한 양육권 싸움을 벌이고 있었으며 정식 이혼수속 중이었다.

쥬프레의 인스타그램 게시물에 의하면 2025년 3월 31일 자신의 차량이 시속 110km(70mph)로 과속하던 스쿨버스와 충돌해 "타박상을 입고 멍이 들었음에도 불구하고” 사고 후 처음에는 집으로 돌아갔지만 상태가 악화되어 병원으로 이송되었고, 신부전증에 걸려 4일 시한부 선고를 받았다고 말했다. 쥬프레의 가족은 버스운전사가 “버스에 아이들이 가득 차서 당황한 상태에서 경찰에 신고하겠다고 말하며 아이들을 데려오기 위해 현장을 떠나버렸다”고 말했다.

쥬프레는 2025년 4월 25일 41세의 나이로 서호주 Neergabby에 있는 자택에서 자살로 사망했다. 그녀의 아버지는 처음에 사망원인을 자살로 받아들였지만 이후 “누군가가 그녀에게 영향을 미쳤다”고 생각한다고 말했고, BBC는 “쥬프레의 마지막 날이나 그녀의 개인적인 상황에 대해 아직 알려지지 않은 것이 많다"고 언급했다.

과속할 곳이 아닌 곳에서 스쿨버스의 과속이 의문스럽고, 이후 회고록의 출간을 앞두고 맹렬히 사회운동을 하는 등 절대로 자살만은 안할 거라고 장담했던 터라 가정사가 복잡하긴 했어도 자살로 결론짓기에는 의문점이 적지 않다. 얼마 전 앤드류왕자가 영국경찰에 쥬프레 관련 일을 맡겼다는 보도까지 있어 영국 경찰이나 영국 정보기관 MI6(Military Intelligence, Section 6) 등 개입이 있지나 않았을지 의문이 없지 않은 것이다.

11.3 장 뤽 브뤼넬 (Jean-Luc Didier Henri Brunel, 1946-2022)

〈장 뤽 브뤼넬〉

프랑스 국적의 유명 모델 에이전시 카린 모델스(Karin Models)
창립자로서 엡스타인의 자금지원으로 MC2 Model Management를 설립했지만 매우 일찍이 1988년 미국 CBS의 60 Minutes 조사의 대상이 되어 30년 동안 성폭행 혐의를 받아오던 중 엡스타인 성매매에 가담하고 특히 프랑스 미성년자들을 로리타 익스프레스를 이용해 엡스타인에게 공급한 혐의로 조사를 받던 중 2020년 자살했다. 브뤼넬의 개인 비서였던 나디아 마코므(Nadia Marcum)가 직후인 2021년 실종되어 프랑스 경찰이 수사 중에 있다. 브뤼넬은 특히 수감 중 사망 시 클린턴과 엡스타인과의 회동 사진을 소지하고 있었다.

〈장 뤽 브뤼넬이 사망 시 소지하고 있던 사진〉

11.4 스티븐 호펜버그(Steven Hoffenberg, 1944~2022)

호펜버그(Steven Jude Hoffenberg)는 타워스 파이낸셜 코퍼레이션(Towers Financial) 설립 자 및 CEO로서 엡스타인 초기 자금조달

파트너였고 폰지(Ponzi) 사기 등 많은 혐의로 조사를 받으며 엡스타인을 폰지 사기혐의로 고소하고 이후 트럼프-엡스타인 부동산 사기건에 폭로를 예정하고 있던 중 코네티컷주 더비에 있는 자신의 아파트에서 77세의 나이로 사망한 채 발견되었다. 또한 그의 부하 회계 담당 레슬리 로즌버그(Leslie Rosenberg)도 2022년 자택 화재로 사망하였다.

11.5 기타 사망(실종)자

프랑스와 이스라엘 이중국적으로 리틀 세인트 제임스 섬 고객리스트를 관리하던 성매매 조직 운영 변호사 조니 아티아스(Johnny Attias, 1971-2020)가 이집트 호텔에서 추락사하였고, 협력자인 마이애미 성매매 조직 책임자 알렉산드라 미하일로바(Alexandra Mikhailova)도 2021년 자살하였다.

엡스타인 저택 경비원으로서 로리타 익스프레스 관련 증언예정이던 토머스 리처즈(Thomas Richards, 1968-2021)가 부검 시 미확인 독소 검출의 심장마비로 사망하였고, 동료 승무원인 에이드리안 로스(Adriana Ross)도 2020년 교통사고로 사망하였으나 다른 승무원인 사라 켈런(Sarah Kellen)은 생존하여 현재 증인 보호 프로그램을 받고 있다.

전 경찰관 마약 조직 보스로 엡스타인의 감방 동료인 이탈리아계 미국인 니콜라스 타르탈리오네 (Nicholas Tartaglione, 1966-2023)가 증언을 앞두고 수감 중 비닐봉지를 뒤집어 쓰고 자살하였다.

엡스타인의 암호화 계정 담당 HSBC 몬트리올 부문장 마크-앙드레 세갱(Marc-André Séguin, 1958~2022)이 딸이 위협받는다는 유서를 남기고 자살했고, 그 부하 자금세탁 담당자 에두아르 르페브르(Édouard Lefebvre)가 2022년 익사했다.

베어 스턴즈(Bear Stearns) 부회장으로 엡스타인 초기 투자 네트워크 핵심이었던 마이클 테넨바움(Michael Tennenbaum, 1927-2022)이 급성 신경계 손상(의료기록 비공개)으로 사망하였다. 앤드류 왕자 성매수 영상을 입수한 〈엡스타인: 더 더티 시크릿(Epstein: The Dirty Secret)〉의 제작 BBC 프로듀서 리처드 홀(Richard Hall, 1959~2021)이 알약 과다복용으로 사망하였고, 같은 제작 팀 취재PD인 에밀리 워커(Emily Walker)가 2021년 스코틀랜드에서 실종되었으며, 촬영기사 제임스 마이어스(James Myers)는 우발적 총격으로 사망하였다.

그 외 로리타 익스프레스 파일럿 데이비드 로저스(David Rogers)가 2020년 심장병으로 사망하였고, 승무원 차울라 후즐(Chaoula Huzil)은 2021년 그리스에서 실종되었다. VIP 어시스턴트였던 리즈아네 트라이온(Lijanne Trion)이 2022년 약물 과다복용으로 사망하였다.

미국령 버진 아일랜드 리틀 세인트 제임스 섬을 18세 때 방문했던 루슬라나 코르슈노바(Ruslana Korshunova)는 20세가 되던 2008년 자신의 아파트에서 투신 자살하였고, 엡스타인과 함께 등장했던 가수 제임스 브라운(James Joseph Brown Jr.)이 2006년에 사망하였다.

2012년 8월 6일 MC2와 연관된 모델 겸 파티 프로모터인 페드로 가스파르(Pedro Gaspar)는 맨해튼에 있는 다른 모델링 에이전시 지점 위에 살았는데, 의심스러운 약물 과다 복용이라고 생각하는 원인으로 사망했다.

11.6 마크 미들턴(Mark Edward Middleton, 1962~2022)

빌 클린턴의 핵심적 보좌역인 변호사 사업가 마크 미들턴이 엡스타인 사후인 2022년 6월에 자살했는데, 클린턴 재직 시기인 1993년부터 2년간 엡스타인을 17차례나 백악관으로 초청한 바 있고 1994년 로리타 익스프레스 동승기록이 발견되었다. 자살이었지만 음모론이 지속적으로 제기되고 있다..

〈클린턴 재직시 백악관을 방문한 엡스타인과 맥스웰〉

11.7 최근(2024) 사망자

나다 마르친코바(Nada Marcinkova, 엡스타인을 떠난 후 Nadia Marcinko)는 슬로바키아 출신의 조종사이자 비행 교관으로 항공 웹사이트 Aviloop의 CEO로서 엡스타인 및 맥스웰과의 공모자로 알려져 있다. 엡스타인 자료 공개가 예고된 2024년 초에 실종된 것으로 알려졌다.

플로리다 팜비치 카운티 공항의 비행학교에서 비행훈련을 시작했으며 비행 기록부에 250시간의 비행시간이 기록되자 엡스타인의 제안을 받아들여 Gulfstream II 등급을 취득해 인증을 받았고, 단발 엔진 항공기와 다발 엔진 항공기 및 다양한 Gulfstream 비즈니스 제트기(개별 인증서 있음)에 대한 세 가지 등급 인증서를 보유했다.

12. 엡스타인 스캔들 관련 영상물

12.1 넷플릭스 제프리 엡스타인-괴물이 된 억만장자 (2020. 5. 27)

Jeffrey Epstein: Filthy Rich

〈넷플릭스의 해당영상물 초기화면〉

Jeffrey Epstein: Filthy Rich는 엡스타인에 대한 넷플릭스가 2020년 5월 27일 방송한 4부작 다큐멘터리 미니시리즈로, 2016년 같은 제목으로 출간된 James Patterson & John Connolly & Tim Malloy. 2016. Jeffrey Epstein: Filthy Rich: A Powerful Billionaire, the Sex Scandal that Undid Him, and All the Justice that Money Can Buy: The Shocking True Story of Jeffrey Epstein 책의 제목을 붙인 것이다. 쥬프레와 마리아 파머(Maria Farmer) 등 주로 몇몇 생존자들의 인터뷰와 2005년도 제1차 형사건 수사의 핵심인 플로리다 팜비치 경찰서장 마이클 리터 등 연관자들의 이야기로 구성된다.

●제1부. 사냥터(Hunting Grounds, 56분)

더는 침묵하지 않으리. 제프리 엡스타인이 팜비치 저택에서 자행한 범죄의 생존자들이 증언에 나선다. 기만과 조종으로 점철된 다단계식 성 착취. 그 전말이 드러난다.

●제2부. 돈을 좇아서(Follow the Money, 57분)

수사가 진행될수록 쌓여가는 증거. 경찰이 자신의 목을 죄어오자, 엡스타인이 반격에 나선다. 그의 무기는 돈. 대체 무슨 수법을 썼길래 그토록 많은 재산을 모은 것일까?

●제3부. 타락의 섬(The Island, 55분)

유전 무죄란 이런 걸까? 전례 없는 사법 거래를 성사시키는 엡스

타인. 모두 망연자실한 사이, 한 생존자가 새로운 폭로를 한다. 그의 외
딴섬에서 벌어진, 끔찍한 만행을.

●제4부. 그녀들의 목소리(Finding Their Voice, 56분)

2019년, 엡스타인이 체포된다. 하지만 그가 감옥에서 보낸 시간
은 잠시뿐. 이제 누가 책임질 것인가? 생존자들의 외침을 들을 이는 누
구인가? 싸움은 아직 끝나지 않았다.

12.2 넷플릭스 기슬레인 맥스웰-괴물이 된 사교계 명사 (2022. 11. 25)

Ghislaine Maxwell: Filthy Rich

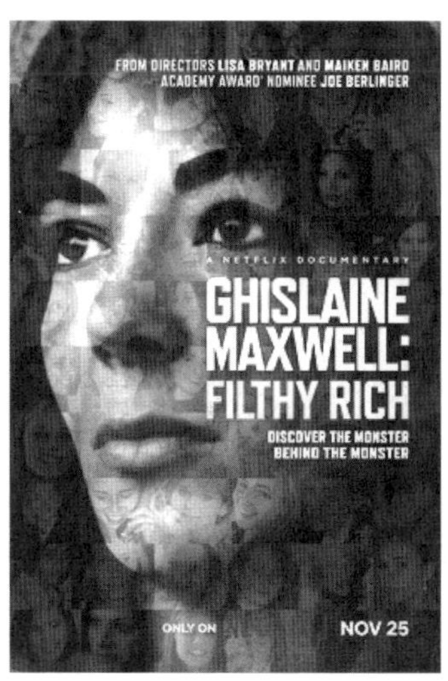

〈넷플릭스의 해당영상물 초기화면〉

Ghislaine Maxwell: Filthy Rich는 Maiken Baird와 Lisa Bryant가 감독한 Netflix의 다큐멘타리로, 2020년 발표된 4부작 다큐멘타리 Jeffrey Epstein: Filthy Rich의 후속작이다. 스토리는 엡스타인의 공범인 맥스웰의 성적 학대를 주로 다루면서 엡스타인에게 10대 소녀들을 모집하여 공급하는 데 초점을 맞추고 있다. 2022년 11월 25일에 발표되었다.

범죄 생존자들의 진술을 바탕으로 사교계 명사이자 엡스타인의 공범으로, 성범죄 알선 혐의로 입건된 기슬레인 맥스웰의 재판을 상세하게 들여다본다.

12.3 넷플릭스 영화 특종의 탄생(2024) Scoop

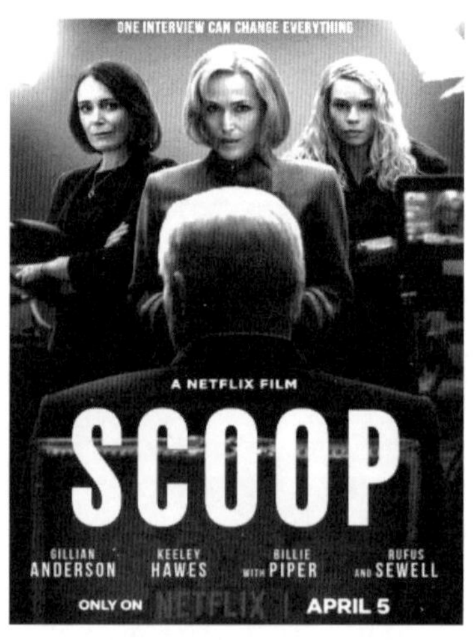

〈넷플릭스 해당 영화 포스터〉

실제 사건을 모티브로 극화한 영화. 앤드류 왕자의 불명예스러운 인터뷰를 세상에 내놓기까지 '뉴스나이트' 여성 관계자들이 어떤 과정을 거쳤는지 내부자의 이야기가 펼쳐진다. 원작은 Samantha McAlister. Scoops: Behind the Scenes of the BBC's Most Shocking Interviews(2021)

| 주요 참고문헌 |

* (2025년 11월 현재 한국을 제외한 미국은 물론 독일과 프랑스 등에서 엡스타인 스캔들 관련 보도와 영상물, 제보, 폭로, 연구서들이 하루에도 수십종씩 쏟아지고 있음)

투비 편집부. (2025.8). [eBook] 제프리 엡스타인, 그는 누구인가 - 은밀한 범죄와 음모, 돈과 권력의 교차로에 선 한 남자(22p)

On Epstein

Acie Cargill. (2019). *Bill Clinton Sexuality and Jeffrey Epstein.* Independently Published(40p.)

Acie Cargill. (2019). *Jeffrey Epstein Death Controversy.* Independently Published.(38p.)

Acie Cargill. (2019). *Jeffrey Epstein Honeypots: Wealth, Women, and Girls.* Independently Published.(54p.)

Acie Cargill. (2019). *Jeffrey Epstein's Illicit Kicks and Retribution.* Independently Published.(42p.)

Aiden V. Lockhart. (2025). *The Predator's Empire: Jeffrey Epstein, Ghislaine Maxwell, and the Fall of a Predator Network.* Independently Published.(108p.)

Alana Goodman & Daniel Halper. *A Convenient Death: The Mysterious Demise of Jeffrey Epstein.* Sentinel.(256p.)

Analea Kaleo. (2024). *My Father, Jeffrey Epstein.* Independently Published.(86p.)

Anthony Francis. (2025). *Who Was Jeffrey Epstein?:* The Scandal, the Cover-Up, and Why "Epstein Didn't Kill Himself" Still Matters. Independently Published.(80p.)

Barrett B. Aiken. (2025). *The Network: Jeffrey Epstein's Money Machine, Global Connections, and the Coverups That Failed.* Independently Published.(182p.)

Barry Levine. (2020). *The Spider: Inside the Criminal Web of Jeffrey Epstein and Ghislaine Maxwell.* Crown Publishing Group.(384p.)

Borna Ahadi. (2025). *Dead Men Tell No Tales: The Mysterious Death of Jeffrey Epstein.* Borna Ahadi. (94p.)

Bradley J. Edwards & Brittany Henderson. (2021). *Relentless Pursuit: Our Battle with Jeffrey Epstein.* Gallery Books.(400p.)

Bryan Dominic. (2024). *Les Wexner; Revealed beyond Victoria's Secrets; His life, Career and Jeffrey Epstein's Entanglement.* Independently Published.(132p.)

Cassandra T. Peters. (2024). *Shadows of Scandal: The Unsettling World of Jeffrey Epstein, Ghislaine Maxwell, Harvey Weinstein and the Enigma That Lies Behind Closed Doors.* Independently Published.(118p.)

Conchita Sarnoff. (2016). *Trafficking: The Jeffrey Epstein Case.* Independently Published.(356p.)

Daniel Brughelli. (2019). *The Truth Behind Jeffrey Epstein's Death.* Independently Published.(126p.)

Deana Pollard Sacks. (2019). *The Godfathers of Sex Abuse, Book I: Jeffrey Epstein.* Stonebrook Pub.(258p.)

Dennis S. Schroeder. (2025). *The Empire: Jeffrey Epstein's Billionaire Secrets, Ghislaine Maxwell's Crimes, and the Fall of a Global Predator Ring.* Independently Published. (142p.)

Donna R. David. (2025). *Inside the Dark World of Jeffrey Epstein File: Unraveling Power, Crime, and Cover-Ups.* Independently Published.(92p.)

Dylan Howard & others. (2019). *Epstein: Dead Men Tell No Tales.* Simon and Schuster.

Edward Jay. (2020). *Suicides and Disguised Murders: Edward Jay Epstein Investigates the Suspicious Deaths of Jeffrey Epstein, Boris Berezovsky, Roberto Calvi and Other Po.* Independently Published.(144p.)

Ella Elizabeth Smith. (2025). *Jeffrey Epstein: The Rise, Crimes, and Dark Secrets of a Criminal.* Independently Published.(108p.)

Ethan Hoover. (2024). *The Shadowy Legacy of Jeffrey Epstein: A Gripping Tale of Power, Corruption, and Depravity.* Independently Published.(94p.)

Ethan R. Cole. (2025). *The Epstein Network: The Billionaire Predator, His Secret Island, and the Global Cover-Up that Followed.* Independently Published.(136p.)

Fabio Hermoso. (2025). *Jeffrey Epstein: Power, Privilege, and Predation.*

Independently Published.(178p.)

Godwin Rolo. (2025). *Jeffrey Epstein and Les Wexner: A Complex Web of Wealth, Power, and Deception Unraveling the Threads that Connected Two Titans.* Independently Published.(180p.)

Hal Rowan. (2025). *Can AI Solve It? The Death of Jeffrey Epstein: A Mysterious Death Series Investigation by Dr. Hal Rowan.* Independently Published.(38p.)

James Patterson & John Connolly & Tim Malloy. (2020). *Filthy Rich: The Jeffrey Epstein Story, with Breaking Headlines and New Photos.* Little Brown.(336p.)

James Savigny. (2024). *Could Dershowitz Be Involved?: Alan Dershowitz Role in the Jeffrey Epstein Scandal.* Independently Published.(78p.)

Jeffrey Edward Epstein. (2022). *Jeffrey Epstein' s Secret "Black Books" : Two Leaked Address Books + Epstein Island House Manual from Jeffrey Epstein & Ghislaine Maxwell's Alleged Pedo.* Mastery Files.(266p.)

Jeffrey Edward Epstein. (2022). *Jeffy & Pals.* Independently Published.(160p.)

Jerry O. Kelly. (2025). *The Life and Lies of Jeffrey Epstein: Inside the Empire of Money, Secrets, and Scandal.* Independently Published.(144p.)

Julie K. Brown. (2021). *Perversion of Justice: The Jeffrey Epstein Story.* Dey Street Books.(464p.)

Linda Evans. (2019). *Inside A Look at Billionaire Sex Offender Jeffrey Epstein: Jeffrey Epstein Didn't Kill Himself.* Independently Published.(82p.)

Nigel Cawthorne. (2022). *Virginia Giuffre: The Extraordinary Life Story of* the Masseuse who Pursued and Ended the Sex Crimes of Millionaires Ghislaine Maxwell and Jeffrey Epstein. Gibson Square Books Ltd.(192p.)

Paul Anthony Russell. (2025). *Blackmail Incorporated: The True Story of Jeffrey Epstein, Intelligence Operations, and the Global Web of Power.* Independently Published.(144p.)

Riley Stern. (2025). *Jeffrey Epstein and the Shield of Spies: American Kompromat Uncovered.* Independently Published.(124p.)

Sarah Ransom. (2021). *Silenced No More: Surviving My Journey to Hell and Back.* HarperOne.

Shaun Attwood. (2019). *Clinton, Bush and CIA Conspiracies: From the Boys on the Tracks to Jeffrey Epstein.* Gadfly Press.(294p.)

Shaun Attwood. (2022). *Elite Predators: From Jimmy Savile and Lord Mountbatten to Jeffrey Epstein and Ghislaine Maxwell.* Nielsen.(286p.)

Thomas R. Horn (2020). *Shadowland: From Jeffrey Epstein to the Clintons, from Obama and Biden to the Occult Elite, Exposing the Deep-State Actors at War with Christianity, Donald Trump, and America' s Destiny.* Defender Publishing.(386p.)

United Library. (2024). *Jeffrey Epstein: The Biography of an American Billionaire Sex Offender, Filthy Scandals and Justice.* United Library.(70p.)

US Dep' t of Justice Office of the Inspector General. (2023). *Investigation and Review of the Federal Bureau of Prisons' Custody, Care, and Supervision of Jeffrey Epstein at the Metropolitan Correctional Center in New York.* Nimble Books(168p.)

Voice of the Victim. (2023). *The Maxwell Conspiracy: The True Story of the Woman Who Helped Jeffrey Epstein Traffick Girls.* Independently Published.(104p.)

Walker Ben. (2019). *Jeffrey Epstein: The Unraveling of a Millionaire's Sex Scandal.* Independently Published.(26p.)

Whitney Alyse Webb. (2022). *One Nation Under Blackmail Vol. 1: The Sordid Union Between Intelligence and Crime That Gave Rise to Jeffrey Epstein.* Trine Day.(544p.)

Whitney Alyse Webb. (2022). *One Nation Under Blackmail Vol. 2: The Sordid Union Between Intelligence and Organized Crime That Gave Rise to Jeffrey Epstein.* Trine Day.(432p.)

William Parker & Terry Hall. (2025). *Epstein: The Man Behind the Scandal.* Independently Published.(156p.)

Wilkins E. Savage. (2025). *Ghislaine Maxwell and Jeffrey Epstein: The Network of Shadows - Inside the Scandal That Rocked the World.* Independently Published.(102p.)

External links:

Jeffrey Epstein's Little Black Book (Epstein's first discovered redacted contact book)

Jeffrey Epstein's Other Black Book (Epstein's second discovered redacted contact book)

Jeffrey Epstein Flight Logs

2007 Non-prosecution agreement

State of Florida vs. Jeffrey E. Epstein (Criminal Information, 2008) Archived September 10, 2021, at the Wayback Machine

Jeffrey Epstein collected news and commentary at The New York Times

Collected news at the New York Daily News

FBI records

Epstein Indictment

On Giuffre

Grace Ellington. (2025). *Virginia Louise Giuffre, From Shadows to Spotlight: The Memoir that Lingers*. Independently Published.(62p.)

Iban Rivas. (2025). *From Nobody's Girl to Survivor: A True Story of Courage, Resilience, and the Pursuit of Justice*. Independently Published.(182p..)

Kenneth L. Reid. (2025). *The Girl Who Spoke Out: Virginia Giuffre's Fight for Justice the True Story behind Epstein's Network and the Woman Who Refused to Stay Silent*. Kenneth L. Reid.(56p.)

Kristen B. Evelyn. (2025). *The Powerful Journey of Virginia Giuffre: Her Legacy of Empowerment, Legal Reform & Global Transformation for Survivors*. Independently Published.(266p.)

Nigel Cawthorne. (2022). *Virginia Giuffre: The Extraordinary Life of Epstein' s Play Toy Who Took down the Rich*. Gibson Square.(224.)

Nigel. Cawthorne. (2022). *Virginia Giuffre: The Extraordinary Life Story of the Masseuse who Pursued and Ended the Sex Crimes of Millionaires Ghislaine Maxwell and Jeffrey Epstein*. Gibson Square.(192p.)

Virginia Roberts Giuffre. (2025). *Nobody's Girl: A Memoir of Surviving Abuse and Fighting for Justice*. Knopf Publishing Group.(400p.)

On Maxwell

Gerri G. Lyons. (2025). *Ghislaine Maxwell Case Files: Human Trafficking Evidence, Witnesses, and Sentencing.* Independently Published.(162p.)

John Sweeney. (2023). *Hunting Ghislaine.* Hodder & Stoughton.(320p.)

Juana R. Richard. (2025). *Ghislaine's Game: The Untold Crimes behind Epstein's Empire.* Independently Published.(96p.)

Lucia Osborne-Crowley. (2025). *The Lasting Harm: Witnessing the Trial of Ghislaine Maxwell.* HarperCollins Publishers.(336p.)

Nigel Cawthorne. (2021). *Ghislaine Maxwell: Epstein and the Fall of America's Most Notorious Socialite.* Gibson Square.(224p.)

Samuel Whitby. (2025). *From Socialite to Cell: An Insightful Account of the Life, Conviction, and Ongoing Legal Battles of Ghislaine Maxwell.* Independently Published.(60p.)

Wilkins E. Savage. (2025). *Ghislaine Maxwell and Jeffrey Epstein: The Network of Shadows-Inside the Scandal that Rocked the World.* Independently Published.(102p.)

엡스타인에 관한 영상 / 방송물

넷플릭스 제프리 엡스타인-괴물이 된 억만장재(4부작, 2020. 5. 27), *Jeffrey Epstein: Filthy Rich*.

넷플릭스 기슬레인 맥스웰-괴물이 된 사교게 명사(단편, 2022. 11. 25), *Ghislaine Maxwell: Filthy Rich*

넷플릭스 영화 특종의 탄생, 102분(2024), Scoop.

CBS, 시리즈 The Good Fight의 시즌 4 피날레(엡스타인의 죽음을 중심으로 전개)

Lifetime, 다큐멘터리 Surviving Jeffrey Epstein(2020 년 8월)

워너 브라더스 디스커버리 산하 미국의 유료 케이블 네트워크 HBO(Home Box Office, Adam McKay 제작), 엡스타인의 삶과 죽음에 대한 한정 시리즈를 제작 중.

Sony Pictures Television, 엡스타인의 삶을 기반으로 한 미니시리즈를 개발 중.

BBC, *Newsnight's programme,* "Prince Andrew & the Epstein Scandal" (2019).2020 British Academy Television Awards

BBC, *Epstein: The Dirty Secret*

BBC, *Jeffrey Epstein: Financier charged with sex trafficking minors*(9 July 2019)

*기타 언론보도와 관련사진 등 1차 공개된 자료는 위키피디아, 브리테니카 백과사전, 나무위키, AI(챗 GPT 등) 등 2차자료를 통해 쉽게 검색하여 널리 접근할 수 있음.

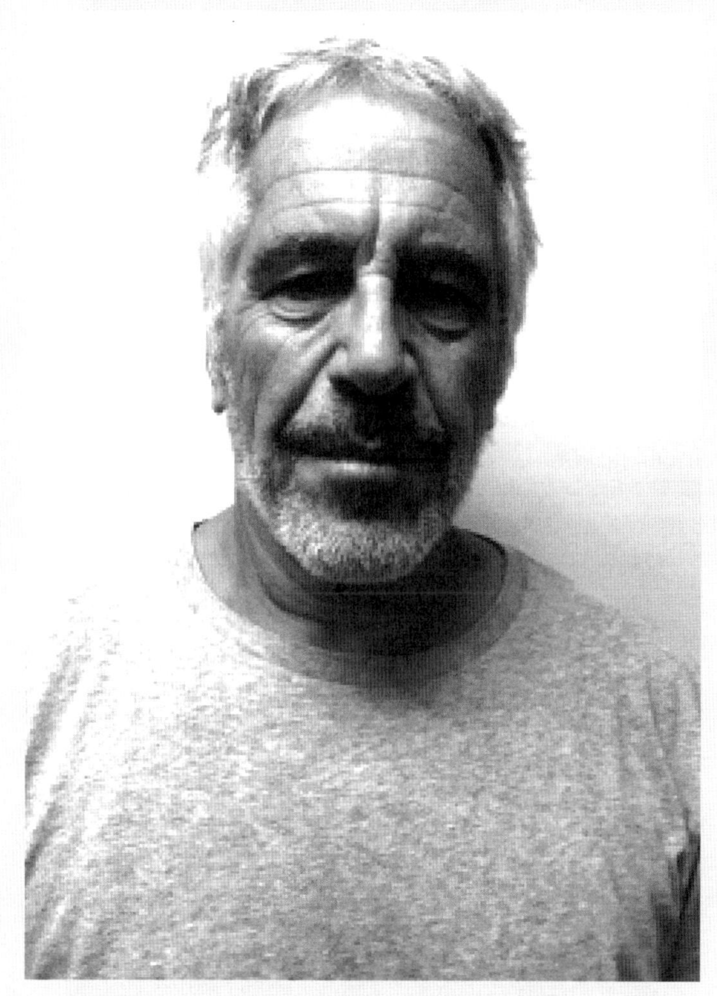

2019년 8월 10일 사망 전, 엡스타인의 모습

빌 클린턴과 엡스타인 (워싱턴 AFP=연합뉴스) 미성년자 성착취범 고(故) 제프리 엡스타인
이 보관해온 사진으로 엡스타인(오른쪽)이 빌 클린턴 전 미국 대통령(중앙)과 함께 포즈를
취하고 있다. 미국 하원 감독위원회 소속 민주당 의원들이 12일(현지시간) 이 사진을 공개
했다. 2025.12.12

여러 여성과 사진 찍는 트럼프 (워싱턴 AP=연합뉴스) 미성년자 성착취범 고(故) 제프리 엡
스타인이 보관해온 사진으로 도널드 트럼프 대통령이 여러 여성과 나란히 있다. 미국 하원
감독위원회 소속 민주당 의원들이 12일(현지시간) 이 사진을 공개했다. 2025.12.12

트럼프 대통령과 엡스타인 (워싱턴 AFP=연합뉴스) 미성년자 성착취범 고(故) 제프리 엡스
타인이 보관해온 사진으로 도널드 트럼프 대통령과 엡스타인이 한 여성과 대화하고 있다.
미국 하원 감독위원회 소속 민주당 의원들이 12일(현지시간) 이 사진을 공개했다.
2025.12.12

엡스타인의 '트럼프 콘돔' 사진 (워싱턴 AFP=연합뉴스) 미성년자 성착취범 고(故) 제프리
엡스타인이 보관해온 사진으로 '트럼프 콘돔'을 4달러50센트에 판매한다고 돼 있다. 미국
하원 감독위원회 소속 민주당 의원들이 12일(현지시간) 이 사진을 공개했다. 2025.12.12

**엡스타인 스캔들
한국 보고서**

———————————

초판1쇄 발행 ㅣ 2025년 12월 18일
지은이 ㅣ 김문재
펴낸이 ㅣ 이명권
펴낸곳 ㅣ 열린서원
등록번호 ㅣ 제300-2015-130호(1999년)
주소 ㅣ 강원특별자치도 화천군 간동면 용호길 73-155
전화 ㅣ 010-2128-1215
전자우편 ㅣ imkkorea@hanmail.net
ISBN ㅣ 979-11-89186-86-9(03300)

값 15,000원

※ 잘못 만들어진 책은 구입한 곳에서 교환해 드립니다.
※ 이 도서의 국립중앙도서관 출판사 도서목록은 e-CRP홈페이지
  (http://www.nl.go.kr/ecip)에서 이용하실 수 있습니다.